독 **독독독 독일어 모의고사**

MODELLTEST FÜR

GOETHE
ZERTIFIKAT
B1

 독독독

독일어 모의고사 Goethe-Zertifikat B1

초판 2쇄 발행 | 2024년 6월 12일
지은이 | Maria Loitzenbauer, Elena Kubitzki

디자인 | 백현지

발행인 | 안희철
펴낸곳 | 노이지콘텐츠(주)
출판등록 | 2014년 1월 17일 (등록번호 301-2014-015)
주소 | 서울특별시 금천구 디지털로 178, B동 1612-13호(가산동)
전화 | 02-775-0582
팩스 | 02-733-0582
이메일 | info@noisycontents.com

www.dasdeutsch.com

ISBN 979-11-6614-675-6 (13750)

* 본 책은 저작권법에 의해 보호를 받는 저작물이므로 무단 전재와 복제를 금합니다.
* 잘못된 책은 구입처에서 교환하여 드립니다.

차례

머리말 5

응시 전에
시험 안내 6
영역별 안내 8

Modelltests
Modelltest 1 17
Modelltest 2 41
Modelltest 3 65

정답
Modelltest 1 90
Modelltest 2 96
Modelltest 3 102

*교재에 수록된 지문의 내용은 허구이며, 실제 사실과는 다를 수 있습니다.

머리말

<독독독 독일어 모의고사 Modelltest für Goethe-Zertifikat B1>를 보고 계신 여러분은 이미 B1 공부를 마치고, 이제 B1 단계를 마무리 짓고 싶을 것입니다. 그리고 독일어권 대학에 진학하기 위해 B1 어학 자격증을 취득하려는 분일 것입니다.

본 교재는 위와 같은 학습자를 대상으로 Goethe-Zertifikat B1의 실제 시험 유형을 익히고 준비하는 데 도움을 주고자 제작되었습니다. 여러분은 이 교재를 시험 직전에 유형을 파악하는 용도로 사용할 수도 있고, 혹은 시험에 응시하지 않더라도 자신의 실력이 어느 정도인지 확인하는 용도로 사용할 수도 있습니다.

위와 같은 목적에 충실한 교재를 만들기 위해, 전반적인 시험 안내와 모의고사 3회라는 간결한 구성으로 교재를 제작하였습니다. 덕분에 분량은 부담 없지만, 그만큼 더 목표에 집중한, 깊이 있는 교재를 제작할 수 있었습니다. 군더더기 없이 꼭 필요한 내용을 원하는 학습자에게 맞춤 교재가 될 것입니다.

교재 구성 및 중요 안내

본 교재는 크게 세 부분으로 나뉩니다. 첫 번째 부분인 **응시 전에**는 전반적인 Goethe-Zertifikat B1 시험 안내를 실었고, **Modelltests**에는 실제 시험 유형에 맞는 모의고사 3회분을, 마지막에는 **정답**을 실었습니다.

- **응시 전에**는 시험 소개, 응시 원서 접수 방법, 시험 구성 등 사전에 알아야 할 사항을 담았습니다. 이어서 시험 진행 순서와 방식 등 Goethe-Zertifikat B1 시험이 어떻게 진행되고 문제 유형이 어떠한지 상세히 설명하여 실제 시험을 볼 때 도움이 될 수 있도록 하였습니다.

- **Modelltests**에는 시험을 보는 감각과 경험을 최대한 재현할 수 있도록 문제를 배치하고 출제하였으니, 이 점을 충분히 활용하여 실제 시험을 보듯이 시간을 맞춰서 모의고사를 풀어 보시기 바랍니다. 모의고사에 실은 문제는 B1 수준에 맞는 내용과 시험 출제 의도를 충분히 반영하여 시험 준비에 실질적으로 도움이 될 수 있도록 연구한 결과입니다.

- **중요! 듣기 시험 음성**은 Hören 시험 첫 장에 있는 QR 코드에 연동된 주소에서 들을 수 있습니다. 듣기 음성 파일은 하나의 모의고사당 1개의 파일로 만들어져 있으며, 해당 음성 파일은 실제 시험시간을 고려하여 음성 시작부터 끝부분까지 실제 시험시간 내 정답 작성 시간이 포함되도록 제작되었습니다. 듣기 시험 시작 직전 파일을 재생하시고 파일 재생이 끝나기 전 반드시 모든 Teil의 정답 체크를 완료해야 합니다. 듣기 시험 Teil 간 아무 음성이 들리지 않는 재생 시간 안에 해당 Teil 정답을 체크해야 합니다.

- **정답**에는 듣기, 읽기 시험 정답과 쓰기, 말하기 시험 예시 정답을 실었습니다. 여기에 더해 좀 더 깊이 학습하고 싶은 분을 위해 각 Modelltest 정답에 정답 해설과 듣기 지문을 내려받을 수 있는 QR 코드를 함께 제공해 드립니다.

이제 준비되셨나요?

Wir wünschen Ihnen viel Erfolg und Spaß mit den Übungsprüfungen und drücken Ihnen die Daumen für die Zertifikatsprüfung.

Toi toi toi!

시험 안내

Goethe?

Goethe-Zertifikat는 독일 문화원 (Goethe-Institut, 괴테 인스티투트)에서 주관하는 CEFR(유럽 언어 공통 기준)에 따라 외국어 능력을 평가하는 어학 시험입니다. Goethe-Zertifikat 어학 자격증은 국제적으로 인정받고 실시되는 공인 어학 자격증으로, 한국을 포함한 90개국 이상의 괴테 인스티투트에서 응시할 수 있습니다.

그 가운데 본 교재가 다루는 Goethe-Zertifikat B1는 유럽 언어 공통 기준에 따라 괴테 인스티투트가 만든 독일어 능력 인증 시험입니다.

원서 접수

- Goethe-Zertifikat B1 시험은 괴테 인스티투트 홈페이지를 통하여 온라인으로만 접수가 가능합니다.
- 시험 신청 시에 goethe.de 가입은 필수이며, 빠른 온라인 접수를 위해서 접수 전에 미리 가입하시길 권장합니다.
- 온라인 접수 시 카드 결제를 선택한 경우 등록확인서가 첨부된 메일을 받습니다.
- 다른 결제 수단 (계좌이체 또는 현장 지불)을 선택하면 청구서가 첨부된 예약 확인 메일이 발송됩니다.
- 시험 신청 다음 날까지 결제가 확인되지 않으면 시험 접수는 자동 취소됩니다.
- 수험료 결제를 완료한 수험생에게는 시험 신청 기간이 종료된 후 업무일 기준 7일 이내로 수험표와 시험 안내문이 메일로 발송됩니다.

준비물

- 신분증[1]
- 검은색 볼펜 (0.7mm 권장) / 연필, 컴퓨터용 사인펜, 수정테이프는 사용 불가합니다.
- 아날로그 손목시계 (전자식은 불가하며 필수 준비물은 아닙니다. 고사장 내 시계 준비 여부는 시험 장소 사정에 따라 달라질 수 있습니다)
- 사전, 전화기, 기타 전자 기기 등은 사용할 수 없습니다.

응시 대상

- 독일에서 대학예비자과정(Studienkolleg)을 이수하고자 하는 사람
- 독일에서의 거주 및 취업을 원하는 사람
- B1 과정을 성공적으로 이수했음을 증명하고자 하는 사람
- 세계적으로 인증된 공식 증명서를 원하는 사람

---

[1] **대학생/일반인:** 주민등록증, 운전면허증, 기간 만료 전인 여권(주민등록번호가 없는 여권은 '여권 정보 증명서'를 함께 제시해야 신분증으로 인정)
초/중/고생: 청소년증, 학생증, 기간 만료 전인 여권(주민등록번호가 없는 여권은 '여권 정보 증명서'를 함께 제시해야 신분증으로 인정)
외국인: 외국인 등록증, 기간 만료 전인 여권

구성

읽기   65분

응시자는 블로그 포스팅이나 이메일, 신문 기사, 광고, 설명서 등을 읽고 주요 정보, 중요한 세부 사항, 입장, 의견 등을 파악할 수 있습니다.

듣기   약 40분

안내 방송, 짧은 강연, 비공식적 대화, 라디오 토론 등을 듣고 주요 내용과 중요한 세부 사항을 파악할 수 있습니다.

쓰기   60분

개인적 또는 공식적인 이메일/편지를 쓰고, 공개 토론 기고문 형식으로 본인의 의견을 글로 표현합니다.

말하기   약 15분

여행과 같은 일상의 주제에 대해 상대방과 이야기 하면서, 질문에 반응하고 의견을 표명하며 제안을 합니다. 나아가 일상적인 한 주제에 관해 자유롭게 발표하고 그에 관한 질문에 답합니다.

응시 요건

- Goethe-Zertifikat B1은 청소년과 성인을 위한[2] 독일어 시험입니다.
- Goethe-Zertifikat B1 시험은 언어에 관한 유럽 공통참조기준(GER)의 세 번째 능력 단계(B1)의 언어 능력을 요구하는 시험입니다.
- 이 단계에 도달하기 위해서는 사전 지식과 학습 요건에 따라 350~650단위의 수업(단위당 45분) 이수를 권장합니다.

합격증이 인증하는 독일어 능력

- 상대방이 또렷한 표준어를 구사하는 경우, 혹은 직장/학교/여가 등의 익숙한 상황인 경우 주요 정보를 이해할 수 있습니다.
- 독일어권 국가를 여행할 때 대부분의 상황을 해결할 수 있습니다.
- 익숙한 주제나 개인적으로 관심 있는 분야에 대해 간단하고 맥락에 맞게 표현할 수 있습니다.
- 경험 및 사건을 서술하고, 꿈/희망/목표를 설명하며, 간략한 원인과 설명을 덧붙일 수 있습니다.

성적 확인과 합격증[3] 수령

- 시험 결과는 주한독일문화원의 goethe.de에서 공지된 성적 발표 일시에 확인할 수 있습니다.
- 최초 발급된 합격증은 우편 또는 방문을 통해 수령 가능합니다.

---

2   B1 성인 시험과 청소년 시험은 난이도의 차이는 없으나, 시험 문제에서 다루어지는 주제가 다릅니다. 청소년 시험의 모든 모듈에서 다루어지는 주제는 청소년 활동과 관련되어 있습니다. 청소년 시험의 권장 연령은 만 12세~만 16세입니다.

3   - B1 통합 합격증은 온라인 신청만 가능하며, 발행 비용은 25,000원입니다. 1인 1매만 신청할 수 있습니다.
     - B1 통합 합격증은 발행 요청일 기준 1년 이내에 4개 모듈에 합격한 이력이 있는 경우에만 신청할 수 있습니다.
     - B1 성인 시험과 청소년 시험의 합격증 형태는 동일합니다.

영역별 안내

Lesen 읽기 · 60분

읽기 시험의 목표는 정보 습득과 지시 이해이며, 다섯 부분으로 나뉩니다. 배점은 문항당 1점씩이며, 해당 점수는 3.33을 곱한 뒤 반올림하여 100점 만점으로 환산합니다.

Teil	목표	지문 종류	문제 유형	문항 수, 배점
1	전체적 읽기	블로그	옳고 그름 고르기	6
2	전체적 읽기	기사	삼지선다	6
3	선택적 읽기	짧은 광고	짝 맞추기	7
4	자세히 읽기	댓글	찬성 반대 고르기	6
5	선택적 읽기	안내문	삼지선다	4

Hören 듣기 · 약 40분

듣기 시험의 목표는 정보 습득과 지시 이해이며, 네 부분으로 나뉩니다. 배점은 문항당 1점씩이며, 해당 점수는 3.33을 곱한 뒤 반올림하여 100점 만점으로 환산합니다.

Teil	목표	지문 종류	문제 유형	문항 수, 배점
1	선택적 듣기	짧은 안내 음성	옳고 그름 고르기 & 삼지선다	10
2	전체적 듣기	정보 안내	삼지선다	5
3	전체적 듣기	일상 회화	옳고 그름 고르기	7
4	상세히 듣기	토론	짝 맞추기	8

Schreiben 쓰기 · 60분

쓰기 시험의 목표는 정보 습득과 지시 이해, 의견 제시이며, 세 부분으로 나뉩니다. 쓰기 시험은 최대 100점으로 2인의 채점자가 정해진 채점 기준에 따라 채점합니다. 종합 점수는 두 채점자 점수의 산술 평균으로 구하고, 소수점 이하는 반올림합니다.

Teil	형식	글의 종류	문제 유형	문항 수	배점
1	친구에게 쓰기	편지	편지 쓰기	1 (약 80자)	
2	의견 제시하기	댓글	짧은 글 적기	1 (약 80자)	
3	공식적으로 쓰기	편지	편지 쓰기	1 (약 40자)	

Sprechen 말하기 · 약 15분

말하기 시험은 다른 응시자와 대화 상대로 짝을 지어 진행하며, 세 부분으로 나뉩니다. 구술시험은 최대 100점으로, 2인의 채점자가 정해진 채점 기준에 따라 채점합니다. 이 중 부분 1에서 28점, 부분 2에서 40점, 부분 3에서 16점, 발음에서 16점을 취득할 수 있으며, 종합 점수는 두 채점자 점수의 산술 평균으로 구한 뒤에 정수로 반올림합니다.

Teil	목표	유형	시간(분)	배점
1	공동 활동에 관해 협상하기	대화	2-3	28
2	특정 주제에 관하여 발표하기	발표	(각) 3-4	40
3	발표 내용에 관하여 질문하고 대답하기	문답	(각) 1-2	16
		발음		16

시험 진행에 앞서

전체 시험 일정은 크게 두 부분으로 나뉩니다. 먼저 지필 시험에 해당하는 읽기, 듣기, 쓰기 시험을 진행합니다. 소요 시간은 대략 165분가량이며 각각의 모듈 사이에는 최소 15분의 쉬는 시간이 주어집니다. 그 뒤 구술시험을 진행합니다. 구술시험은 지필 시험과 같은 날에 진행할 수도, 다른 날에 진행할 수도 있으며, 이는 괴테 인스티투트 홈페이지의 시험 일정 및 안내에서 확인할 수 있습니다.

지필 시험의 답은 답안 작성지인 Antwortbogen에 검은색 펜으로 작성합니다. 유형에 따라 답을 옮겨 적는 시간이 주어질 수도, 주어지지 않을 수도 있습니다. 문제를 다 풀고 나서 나중에 한 번에 Antwortbogen에 옮겨 적기에는 시간이 부족하니 가능하면 문제를 풀면서 Antwortbogen에도 답을 기입하기를 추천해 드립니다. 문제지인 Aufgabenheft에 적은 내용은 채점에 반영되지 않습니다.

구술시험은 보통 다른 응시자와 짝을 지어 진행되지만, 혹시라도 구술시험 응시자 수가 홀수라 짝이 없는 경우 시험관 중 한 명이 대화 상대를 맡습니다.

배점은 각 모듈별 100점 만점으로, 각 모듈에서 최소 60점 이상씩을 취득하면 합격입니다.

총점	성적
100~90	sehr gut
89~80	gut
79~70	befriedigend
69~60	ausreichend
59~0	teilgenommen

시험 진행

지필 시험

1. Aufgabenheft와 Antwortbogen을 나눠 줍니다. 개인 정보란을 우선 채우세요.
2. 먼저 읽기 시험부터 시작합니다.
3. 60분간 진행되는 읽기 시험이 끝나면 약 15분간의 쉬는 시간을 가진 후 듣기 시험이 시작됩니다. 이때 시험 감독관은 듣기 시험을 위해 녹음기를 재생합니다.
4. 약 40분간의 듣기 시험이 끝나면 마찬가지로 약 15분간의 쉬는 시간을 가진 후 이어서 쓰기 시험이 시작됩니다. 60분 동안의 쓰기 시험이 끝나면 나누어 주었던 모든 종이를 시험 감독관이 회수합니다.

구술시험

1. 시험에 앞서 구술시험 준비 시간이 약 15분간 주어집니다. 응시자 별로 배정된 시간에 맞춰 구술시험 준비실에 입실하면 감독관이 시험지를 나누어줍니다. 구술시험을 위한 메모는 추가로 배분된 날인된 메모 용지에 할 수 있습니다. 준비 시간 동안에 작성한 핵심 단어 위주의 메모를 구술시험 중에 사용할 수 있습니다.
2. 시험관은 두 명이며 시험관이 우선 자신을 소개한 뒤 응시자들의 이름, 출신지 등을 물어봅니다. 이러한 도입 대화는 약 1분간 진행되며, 그 후 모든 시험과제를 설명하고 시험 진행을 안내합니다.
3. 부분 1에서는 서로 제안하고 의견을 제시하며 파트너와 함께 계획을 세우는 형식입니다. 약 2-3분 동안 진행됩니다.
4. 부분 2에서는 응시자들은 차례로 하나의 주제를 발표합니다. 먼저 주제를 소개하고, 자신의 나라의 상황에 관해 설명한 뒤, 장단점과 자기 생각을 말하고 나서 발표를 마칩니다. 부분 2는 약 7분 동안 진행하며, 한 사람에게 할당된 시간은 약 3~4분입니다.
5. 부분 3에서는 발표를 들은 파트너와 시험관 2가 자신들이 들은 내용에 대해 질문을 하고 그에 답합니다. 부분 3은 약 5분 동안 진행하며, 한 사람에게 할당된 시간은 약 1~2분입니다.
6. 부분 3까지 마치면 시험관은 시험 종료를 알립니다. 시험이 종료되면, 메모 용지를 포함한 모든 시험 자료를 회수합니다.

영역별 상세 안내

Lesen 읽기

읽기 시험은 60분 동안 진행됩니다. 가능하면 문제를 풀면서 Antwortbogen에도 답을 기입하기를 추천해 드립니다.

Teil 1

블로그를 읽고 문제 여섯 개를 풀어야 합니다. 각 문제는 옳고 그름을 고르는 것으로, 블로그 내용에 기반하여 답변을 골라야 합니다. 배점은 문항당 1점입니다.

Teil 2

짧은 기사 두 개를 읽고 각 기사 당 세 문제를 풀어야 합니다. 각 문제에는 a, b, c로 보기 세 개가 있으며 지문에 나와 있는 내용과 알맞은 답변을 골라야 합니다. 배점은 문항당 1점입니다.

Teil 3

신문이나 인터넷에서 볼 수 있는 공고 내지는 광고가 열 개 제시되고 각 문항에 맞는 항목을 고르는 문제입니다. 문항 가운데 하나는 알맞은 항목이 없는데, 해당 번호에는 0 표시를 합니다. 배점은 문항당 1점입니다.

Teil 4

구독자 의견 일곱 개를 읽고 주제에 찬성 또는 반대 입장인지를 파악하는 문제입니다. 배점은 문항당 1점입니다.

Teil 5

안내문을 읽고 문제 네 개를 풀어야 합니다. 문제에는 a, b, c로 보기 세 개가 있으며 지문에 나와 있는 내용과 알맞은 답변을 골라야 합니다. 배점은 문항당 1점입니다.

Hören 듣기

듣기 시험은 약 40분 동안 진행됩니다. 실제 상황처럼 주변 소음이 함께 나오는 듣기 지문도 있지만, 받아쓰기가 아니고 필요한 정보만 들으면 되기에 너무 걱정하실 필요는 없습니다. 문제를 풀 때는 먼저 Aufgabeheft에 답을 표시한 다음, 마지막에 Antwortbogen에 옮겨 적으면 됩니다. 문제를 옮겨 적을 시간이 약 5분 주어집니다.

> 본 교재의 듣기 시험 음성은 각 Hören 시험 첫 장에 있는
> QR 코드에 연동된 주소에서 들으실 수 있습니다.
> 제공되는 파일은 모든 Teil을 한 번에 재생할 수 있는 파일로,
> 실제 시험처럼 문제 풀이에 임하실 수 있어요!

Teil 1

안내 및 라디오 인터뷰, 전화 메시지, 공공장소에서의 안내 방송 등 여러 가지 상황에 대한 짧은 음성 듣기입니다. 총 다섯 문제로, 먼저 옳고 그름을 고르는 문제를 풀고, 다음으로 a, b, c 가운데 질문의 대답으로 적절한 하나를 골라 답하는 문제입니다. 각 음성은 두 번씩 들려주며, 배점은 문항당 1점입니다.

Teil 2

안내문을 듣고 a, b, c 가운데 질문의 대답으로 적절한 하나를 골라 답하는 문제입니다. 음성은 한 번만 들려주며, 배점은 문항당 1점입니다.

Teil 3

하나의 긴 대화문을 듣고 푸는 문제입니다. 주어진 문제는 총 다섯 개로 옳고 그름을 고르는 문제입니다. 음성은 한 번만 들려주며, 배점은 문항당 1점입니다.

Teil 4

사회자와 두 토론자의 토론을 듣고 푸는 문제입니다. 우선 예제 음성을 두 번 반복해서 들은 뒤, 이어지는 토론 음성을 두 번 연달아 듣고 문제에 주어진 내용이 어떤 사람의 의견인지를 고르는 문제입니다. 배점은 문항당 1점입니다.

Schreiben 쓰기

쓰기 시험은 60분 동안 진행되며, 시험이 진행되는 동안 답을 바로 답안지에 적어야 합니다. 적절한 시간 배분이 중요합니다.

Teil 1

지시문과 함께 정보가 세 가지 제공되고 이를 활용해 짧은 편지나 이메일을 쓰는 문제입니다. 주어진 정보가 모두 들어가야 하며, 약 80자 내외로 알맞은 양식에 맞춰 적어야 합니다.

Teil 2

방송 프로그램의 시청자 게시판에 남겨진 글을 읽고 주제에 대한 나의 생각을 쓰는 문제입니다. 약 80자 내외로 작성해야 하며, 주제에서 벗어나지 않도록 유의해야 합니다.

Teil 3

부분 1과 마찬가지로 지시문과 함께 정보가 세 가지 제공되고 이를 활용해 짧은 편지나 이메일을 쓰는 문제입니다. 주어진 정보가 모두 들어가야 하며, 약 40자 내외로 알맞은 양식에 맞춰 적어야 합니다.

Sprechen 말하기

말하기 시험은 시험관 두 명이 참석한 가운데, 다른 응시자가 대화 상대로 함께 응시하며 총 세 부분으로 나뉩니다. 먼저 시험관이 응시자에게 인사하고 응시자의 정보를 묻습니다. 그 이후 간단히 시험을 소개하고 응시자들의 시험 진행 순서를 정합니다. 소요 시간은 약 15분입니다.

> 만약 질문을 잘 못 들었거나 이해하지 못했을 경우 되물어 볼 수 있습니다.
> „Könnten Sie das bitte wiederholen?" (다시 한번 말씀해 주세요)나
> „Bitte sprechen Sie langsamer!" (더 천천히 말씀해 주세요)를 활용해 보세요!

Teil 1

수행해야 하는 과제가 적힌 카드를 받고 파트너와 함께 계획을 짜는 시험입니다. 약 2~3분간 진행됩니다.

Teil 2

부분 2에서는 두 가지 주어진 주제 중 한 가지를 골라서 짧은 발표를 하는 시험입니다. 함께 제시된 슬라이드에 유의하여 발표의 구조를 짜야 합니다. 한 사람당 약 3~4분 동안 진행됩니다.

Teil 3

부분 2에서 발표한 내용을 바탕으로 질문과 답변을 하는 시험입니다. 한 사람당 약 1~2분 동안 진행됩니다.

MODELLTEST
1

Goethe-Zertifikat B1 | **Lesen**
Modelltest 1 | Kandidatenblätter

Modelltest 1

Kandidatenblätter

Lesen
65 Minuten

Das Modul *Lesen* hat 5 Teile.
Sie lesen mehrere Texte und lösen Aufgaben dazu. Sie können mit jeder Aufgabe beginnen. Für jede Aufgabe gibt es nur eine richtige Lösung.

Vergessen Sie bitte nicht, Ihre Lösungen innerhalb der Prüfungszeit auf den **Antwortbogen** zu schreiben.

Bitte schreiben Sie deutlich und verwenden Sie keinen Bleistift.

Hilfsmittel wie z. B. Wörterbücher oder Mobiltelefone sind nicht erlaubt.

Teil 1 Arbeitszeit: 10 Minuten

Lesen Sie den Text und die Aufgaben 1 bis 6 dazu.
Wählen Sie: Sind die Aussagen Richtig oder Falsch?

JuliasLeben.de
Ich bin Julia und das ist mein Leben:

Mittwoch, der 30. November

Hallo, Leute!
Es fühlt sich an, als hätte ich schon seit einer Ewigkeit nichts mehr gepostet. Aber ich bin wieder da. In den letzten Wochen war es auf meiner Arbeit sehr stressig, weil ich ein großes Projekt abschließen musste. In dieser Zeit habe ich fast jeden Tag 10 Stunden oder mehr gearbeitet. Ich war sehr gestresst. Manchmal habe ich sogar das Wassertrinken vergessen. Diese Zeit war sehr schwer für mich. Damit ich das nächste Mal nicht mehr so gestresst und müde bin, habe ich mich über Stressabbau informiert. Ich habe viele Dinge ausprobiert und die besten für euch zusammengetragen.
Mein erster Tipp ist, die Arbeit auf der Arbeit zu lassen. Was ich damit meine ist, man sollte sich nie Arbeit mit nach Hause nehmen, oder sich am privaten Computer in das Arbeitskonto einloggen. Sonst denkt man auch zu Hause noch an die Arbeit und kann nie abschalten.
Zum Abschalten kann ich Sport empfehlen. Nach der Arbeit eine Runde laufen zu gehen, ist das Beste, was ich je gemacht habe. Weil es anstrengend ist, kann man gar nicht an etwas anderes denken. Man braucht so viel Konzentration, um noch ein paar Minuten länger zu laufen. Was auf der Arbeit noch nicht erledigt ist, weiß ich danach gar nicht mehr.
Ganz wichtig ist auch der Schlaf. Früher konnte ich nie schlafen, wenn ich gestresst oder nervös war. Ich habe in einer Zeitschrift gelesen, dass man eine Routine vor dem Schlafengehen braucht. Diese Routine muss jeden Tag gleich sein, aber für jeden Menschen kann der Ablauf anders sein. Wichtig ist dabei nur, dass man sich entspannt. Meine Routine sieht so aus: Ich mache mir eine Tasse Kräutertee, meistens Kamille. Danach rolle ich meine Sportmatte aus und mache ein paar Dehnübungen. Vor allem meine Schultern und meine Oberschenkel muss ich dehnen, um gut zu schlafen. Zum Schluss lese ich meistens noch ein Buch, oder ich schreibe in mein neues Tagebuch. Aber darüber erzähle ich euch das nächste Mal!

Bis bald!
Eure Julia

Goethe-Zertifikat B1 — Lesen
Modelltest 1 — Kandidatenblätter

noch **Teil 1**

Beispiel

0   Julia hat schon lange keinen Blog mehr geschrieben.   ~~Richtig~~ | Falsch

1   Julia war auf der Arbeit sehr gestresst.   Richtig | Falsch

2   Sie wusste sofort, wie sie mit dem Stress umgehen kann.   Richtig | Falsch

3   Julia empfiehlt, zu Hause zu arbeiten, wenn es möglich ist.   Richtig | Falsch

4   Am Abend zu laufen, half Julia beim Abschalten.   Richtig | Falsch

5   Julia hat schon lange eine feste Routine vor dem Schlafengehen.   Richtig | Falsch

6   Mit verspannten Schultern kann Julia nicht gut schlafen.   Richtig | Falsch

Goethe-Zertifikat B1 — Lesen

Modelltest 1 — Kandidatenblätter

Teil 2 Arbeitszeit: 20 Minuten

Lesen Sie den Text aus der Presse und die Aufgaben 7 bis 9 dazu.
Wählen Sie bei jeder Aufgabe die richtige Lösung a, b oder c.

Hirnschrumpfung um Energie zu sparen

Im Winter ist nicht nur den Menschen kalt. Auch viele Tiere haben Strategien entwickelt, um gut durch den Winter zu kommen. So gibt es die Kältestarre bei Insekten, Schnecken, Amphibien und Reptilien. Wenn die Außentemperaturen fallen, sinken die Herzschlag- und Atemfrequenz auf ein Minimum und die Tiere können sich nicht mehr bewegen. Der Winterschlaf ist ein ähnlicher Zustand, aber es gibt auch Tiere, die den Winterschlaf durch kurze Pausen unterbrechen. Wenn die Körpertemperatur der Tiere gleich bleibt, spricht man von einer Winterruhe. Bären, zum Beispiel, halten eine Winterruhe. Zugvögel entfliehen hingegen der Kälte, indem sie in den Süden fliegen. Pfuhlschnepfen fliegen sogar bis nach Neuseeland. Aber es gibt noch eine weitere Methode, die Hirnschrumpfung. Wie das Wort vermuten lässt, machen Spitzmäuse sowie Maulwürfe ihr Gehirn im Winter kleiner, um weniger Energie zu verwenden. Das Gehirn kann im Winter um bis zu elf Prozent schrumpfen. Forscher haben nun belegt, dass die Kälte, nicht der Hunger, für die Schrumpfung verantwortlich ist. Um das festzustellen, haben sie Europäische Maulwürfe mit Iberischen Maulwürfen verglichen. Obwohl es im Sommer durch Hitze und Trockenheit kaum Nahrung für die Iberischen Maulwürfe gibt, verändert sich ihr Gehirn nicht.

aus einer österreichischen Zeitung adaptiert

Beispiel

0   Tiere haben im Winter …
- a   keine Möglichkeit, sich zu bewegen.
- ☒   verschiedene Methoden, um zu überleben.
- c   keine Probleme mit der Kälte.

7   In diesem Text geht es um …
- a   die Probleme mit der Kälte im Winter.
- b   die Winterruhe der Bären.
- c   die Entdeckung der Hirnschrumpfung von Maulwürfen.

8   Das Gehirn eines Maulwurfs
- a   kann um bis zu elf Prozent kleiner werden.
- b   verbraucht im Winter gar keine Energie.
- c   wird größer, um weniger Energie zu verbrauchen.

9   Die Hirnschrumpfung hängt …
- a   mit dem Nahrungsmangel zusammen.
- b   mit der Kälte zusammen.
- c   mit dem Nahrungsmangel und der Kälte zusammen.

Goethe-Zertifikat B1 — Lesen
Modelltest 1 — Kandidatenblätter

noch **Teil 2**

Lesen Sie den Text aus der Presse und die Aufgaben 10 bis 12 dazu.
Wählen Sie bei jeder Aufgabe die richtige Lösung a, b oder c.

Wohin mit den Händen?

Wenn man keine Hosentaschen oder kein Handy hat, weiß man oft nicht, wohin man die Hände tun sollte. Zum Beispiel passiert dies oft an einem Badestrand. Dort kann man auch sehr gut beobachten, welche Positionen die Hosentaschenlosen einnehmen. Eine beliebte Haltung ist die Hände-in-die-Hüften-Haltung. Doch was bedeutet diese Pose? Körpersprache-Experten sind sich einig, dass diese Körperhaltung auf Unsicherheit schließen lässt. Obwohl diese Körperhaltung nach außen überheblich wirken kann, weist sie in Wahrheit auf Selbstzweifel hin. Mit den Händen an den Hüften wirkt man breiter als man eigentlich ist, daher betont diese Haltung Stärke und Macht. Die Position der Daumen spielt in dieser Haltung auch eine entscheidende Rolle. Sind die Daumen hinten und die Finger vorne, wirkt die Pose noch aggressiver.

Bei einer weiteren wichtigen Körperhaltung sind die Hände vor der Brust verschränkt. Diese Haltung ist mehr geschlossen und wird oft als verschlossen wahrgenommen. Zudem signalisieren die verschränkten Arme Desinteresse und Ablehnung. Aber Vorsicht! Obwohl eine Körperhaltung eine bestimmte Stimmung vermitteln kann, gibt es auch Ausnahmen. Manche verschränken die Arme einfach, weil es kalt ist. Die Haltung entlastet auch die Schultern und ist somit einfach bequem. Obwohl man aus der Körperhaltung viel lernen kann, darf man ihr nicht zu 100 Prozent vertrauen.

aus einer deutschen Zeitung adaptiert

Beispiel

0 Ohne Hosentaschen wissen wir oft …
- a nicht, wohin wir unser Handy tun sollen.
- ☒ nicht, wo wir die Hände hintun sollen.
- c nicht, was wir am Badestrand machen sollen.

10 In diesem Text geht es um …
- a die Bedeutung von Körperhaltungen.
- b Tipps für Hosentaschenlose.
- c die Hände-in-die-Hüften-Haltung.

11 Laut Experten bedeutet …
- a die Hände-in-die-Hüften-Haltung Stärke.
- b die Hände-in-die-Hüften-Haltung Unsicherheit.
- c Arme verschränken immer Ablehnung.

12 Die Körperhaltung kann uns …
- a ganz genau sagen, wie sich jemand fühlt.
- b immer sagen, wie sich jemand fühlt.
- c häufig sagen, wie sich jemand fühlt.

Goethe-Zertifikat B1	**Lesen**
Modelltest 1	Kandidatenblätter

Teil 3   Arbeitszeit: 10 Minuten

Lesen Sie die Situationen 13 bis 19 und die Anzeigen A bis J aus verschiedenen deutschsprachigen Medien. Wählen Sie: Welche Anzeige passt zu welcher Situation? Sie können **jede Anzeige nur einmal** verwenden. Die Anzeige aus dem Beispiel können Sie nicht mehr verwenden. Für eine Situation gibt es **keine passende Anzeige**. In diesem Fall schreiben Sie **0**.

Nach dem Ende des Sprachkurses möchten einige Ihrer Kolleginnen und Kollegen weiter Deutsch lernen und suchen dafür passende Möglichkeiten.

Beispiel

0	Ida hat ein Kind und möchte einen Online-Sprachkurs besuchen.	Anzeige: _i_

13	Gustav sucht nach einer Möglichkeit, Muttersprachler kennenzulernen.	Anzeige: ____
14	Leonie möchte schneller aufsteigen und dafür einen Intensivkurs besuchen.	Anzeige: ____
15	Miriam möchte gerne im Krankenhaus arbeiten und ihr Deutsch verbessern.	Anzeige: ____
16	Milos liest gerne Bücher und möchte mit anderen darüber sprechen.	Anzeige: ____
17	Sue möchte gerne lernen, während sie Auto fährt.	Anzeige: ____
18	Pedro muss arbeiten und kann nur am Abend einen Kurs besuchen.	Anzeige: ____
19	Kristof möchte gerne über aktuelle Geschehnisse in Deutschland Bescheid wissen.	Anzeige: ____

---

a

Ohren auf!
Sie haben keine Zeit, Deutsch zu lernen?
Kein Problem, wir haben die Lösung für Sie! Unser Angebot:
- kurze Hörtexte und Dialoge
- inkl. Audio-Erklärungen
- inkl. Sprechübungen
Ideal für unterwegs!

www.ohrenaufunterwegs.net

---

b

Nachrichten auf Deutsch!

Für Auslandsösterreicher gibt es nun einen neuen Newsletter. Erhalten Sie jede Woche die neuesten Nachrichten aus aller Welt, kompakt auf Deutsch!

Einfach anmelden unter
www.dieWeltaufDeutsch.at

noch Teil 3

c **Wir suchen Lesebegeisterte!**
Unser Leseclub sucht neue Mitglieder für das neue Semester. Wir…
- lesen mit Leidenschaft.
- plaudern mit Vergnügen über Bücher.
- essen mit Lust.
Wenn das was für Sie ist, melden Sie sich einfach auf unserer Homepage.
www.leples.de

d **Deutsch, verSPROCHEN!**
Sie lernen Deutsch und Sie versprechen uns, dass Sie nur Deutsch sprechen werden? Dann laden wir Sie herzlich zu unserer Sprachaustausch-Party ein. Lernen Sie Muttersprachler und Deutschlerner aus aller Welt kennen. Mit unseren Spielen kommen sie bestimmt auch zum Deutsch sprechen!
www.DEUTSCHverSPROCHEN.de

e **Zeitungsverlag sucht Aushilfsreporter/in**
für die aktuellen Geschehnisse im Bundestag. Die Stelle umfasst Korrekturlesen, Überprüfung der Richtigkeit von Quellen und Artikeln und weitere Aufgaben.
Bei Interesse schicken Sie Ihre Bewerbung an: bewerbung@deutsch-zeitung.de

f **Deutsch in München**
Deutsch-Levelkurse
Mo bis Fr von 19:00 bis 21:00 Uhr
Kurse für Eltern
Für Mütter bieten wir spezielle „Mama lernt Deutsch"-Kurse auch vormittags an. Väter sind natürlich auch willkommen. Online-Einstufungstest und weitere Kurszeiten auf:
www.deutschinmünchen.de

g **Nachrichten leicht gemacht!**
Zeitungen und Nachrichten sind oft unnötig schwer geschrieben. Wir machen es leichter für Sie!
Auf unserer Website finden Sie jede Woche die neuesten Nachrichten aus Deutschland, Österreich und der Schweiz in leichter Sprache.
www.nachrichtenleicht.de

h **Linguistik ins Ohr!**
Wollten Sie immer schon mehr über Deutsch wissen? Mit unserem Linguistik-Podcast lernen Sie bestimmt das eine oder andere dazu.
Hören Sie alles zu den Themen Phonetik, Sprachenlernen und Deutsch als Fremdsprache
www.lingusitik.de

☒ **Jederzeit Deutsch!**
Sie wollen weiter Deutsch lernen, haben aber keine Zeit für Kurse?
Dann lernen Sie „jederzeit" mit uns Deutsch.
Unser Lernprotal bietet Ihnen:
- einen Einstufungstest
- Online Materialien zum Herunterladen
- Rund um die Uhr Zugang
www.jederzeitdeutsch.com

j **Deutsch in Zürich**
Unser Angebot:
- Intensivkurse mit 25 Wochenstunden
- Sommerkurse für Jugendliche
- Prüfungsvorbereitung (auch als Fernstudium!)
- Spezialkurs: Deutsch im Krankenhaus
Keine Abendkurse!
www.deutschinzüri.ch

Teil 4   Arbeitszeit: 15 Minuten

Lesen Sie die Texte 20 bis 26. Wählen Sie: Ist die Person für **ein Fahrverbot für Autos und Motorräder in der Innenstadt**, Ja oder Nein?

In vielen deutschen Städten bräuchte man eigentlich kein Auto, dennoch fahren viele Leute mit dem Auto in die Innenstadt. Das gefällt nicht allen. In einem Internetforum lesen Sie Kommentare zur Frage „Soll es ein Fahrverbot in der Innenstadt geben?"

Beispiel
0 Oliver — Ja / ~~Nein~~

20 Nina — Ja / Nein
21 Renate — Ja / Nein
22 Nils — Ja / Nein
23 Stefan — Ja / Nein
24 Yvonne — Ja / Nein
25 Tina — Ja / Nein
26 Emil — Ja / Nein

Leserbriefe

Beispiel: Ja, klar, Autos verschmutzen die Umwelt, sie sind laut und so weiter. Aber wie soll ich denn ohne Auto in der Innenstadt einkaufen? Ich wohne in einem der äußeren Bezirke und ich werde mein Auto nicht 10 Kilometer vor der Innenstadt abstellen und zu Fuß weiter laufen.
Oliver, 48, Köln

20 Ich denke, dass so ein Verbot wenig Auswirkungen auf die Umwelt hat. Die Abgase kommen durch die äußeren Bezirke auch in die Innenstadt. Wenn man allerdings die neu gewonnene Fläche in Grünflächen und Parks ändert, kann man durchaus das gewünschte Ziel erreichen. Mein Fazit: Solange es der Umwelt nicht schadet, kann man es ruhig ausprobieren.
Nina, 23, Schöningen

21 Für mich zählen in der Diskussion nur die Kinder. Meine gehen in der Stadt zur Schule. Natürlich ist es sicherer für die Kleinen, wenn keine Autos fahren. Aber wenn sie mal doch zu spät dran sind, dann ist das Auto unentbehrlich. Dennoch sollte die Sicherheit der Kinder vorgehen. Zuspätkommen hat noch niemanden das Leben gekostet.
Renate, 35, Bonn

22 Leere Straßen, kein Lärm, kein Schmutz. Das hört sich erst mal gut an, aber das bedeutet auch weniger Gäste und weniger Umsatz. Vor meinem Gasthof gibt es Parkplätze, mit denen ich mehr Geld mache als mit dem Restaurant. Für mich steht fest: Diesen Geldhahn will ich nicht abdrehen.
Nils, 24, Wolfsburg

23 Ich verstehe nicht, wieso sich alle so aufregen. In der Stadt braucht man eh kein Auto. Ich bin dafür, dass wir auch bei den Bussen auf Elektrobusse umsteigen und das Fahrverbot auf die gesamte Stadt ausweiten. Nur dann beginnen die Menschen eine Alternative zu den Autos zu suchen. Eine Stadt lässt sich auch prima mit dem Fahrrad erkunden.
Stefan, 56, Wien

24 Ich fahre fast jeden Morgen mit dem Fahrrad in die Stadt, das ist super praktisch und oft auch schneller als mit dem Auto. Vor allem, weil man sich keinen Parkplatz suchen muss. Aber wenn ich an den Winter denke, sitze ich doch lieber in meinem warmen Auto. Vielleicht kann man eine Zwischenlösung finden, aber ein absolutes Fahrverbot ist zu extrem.
Yvonne, 19, Basel

25 Wenn die öffentlichen Verkehrsmittel besser ausgebaut werden, könnte man ja darüber diskutieren. Aber bei den häufigen Verspätungen und Ausfällen kann man sich einfach nicht darauf verlassen. Ich habe viele Termine in der Stadt und ohne Auto würde ich zu jedem Termin zu spät kommen. Das geht gar nicht.
Tina, 28, Hamburg

26 Ich wohne an einer stark befahrenen Straße in der Innenstadt. Nachts ist es echt nicht einfach, zur Ruhe zu kommen. Es ist immer laut. Aber am schlimmsten sind die Motorräder. Wenn man Autos auch verbieten muss, um diese grässlichen Maschinen aus der Stadt zu verbannen, dann sag ich nicht nein.
Emil, 46, Kiel

Goethe-Zertifikat B1 Lesen

Modelltest 1 Kandidatenblätter

Teil 5 Arbeitszeit: 10 Minuten

Lesen Sie die Aufgaben 27 bis 30 und den Text dazu.
Wählen Sie bei jeder Aufgabe die richtige Lösung a, b oder c.

Sie möchten einen E-Scooter benutzen und informieren sich über die Benutzungsbedingungen der E-Scooter in Ihrer Stadt.

27 13-Jährige dürfen …
- a E-Scooter nur mit einem Helm verwenden.
- b E-Scooter nicht verwenden.
- c mit einem Erwachsenen gemeinsam fahren.

28 Mit einem E-Scooter darf man …
- a nur in bestimmten Fällen auf der Straße fahren.
- b immer auf der Straße fahren.
- c nie auf der Straße fahren.

29 Wenn man ohne Licht fährt, …
- a passiert gar nichts.
- b muss man eine Geldstrafe zahlen.
- c muss man den Führerschein abgeben.

30 21-Jährige dürfen …
- a gar nicht mit einem E-Scooter fahren.
- b mit Alkohol im Blut nicht mit einem E-Scooter fahren.
- c mit ein bisschen Alkohol im Blut fahren.

Benutzungsbedingungen

Nutzungsbedingungen: Es wird kein Führerschein für das Fahren von E-Scootern benötigt. Man muss jedoch mindestens 14 Jahre alt sein. Ein E-Scooter darf nur alleine benutzt werden. Die Mitnahme einer zweiten Person ist nicht erlaubt. Der E-Scooter muss mit einer Beleuchtung vorne und hinten sowie einer Klingel ausgestattet sein.

Straßenordnung: Mit einem E-Scooter darf man auf Radwegen oder Radfahrstreifen fahren. Sind diese nicht vorhanden, ist es möglich, auf die Fahrbahn auszuweichen. Hier ist möglichst weit rechts zu fahren. Zudem ist mit einem E-Scooter nicht schneller als 20 km/h zu fahren. Es besteht keine Helmpflicht. Das Tragen eines Fahrradhelms ist aber ausdrücklich empfohlen.

Nutzungsdauer: Die Nutzungsdauer ist aufgrund der Akkuleistung auf 2 Stunden begrenzt. Vor Beginn einer Fahrt ist der Akku-Ladezustand zu überprüfen. Alle Fahrzeuge werden zwischen 02.00 und 04.00 nachts eingesammelt und geladen, zu dieser Zeit ist die Benutzung nicht möglich.

Ordnung: Nach Benutzung müssen die Fahrzeuge ordnungsgemäß abgestellt werden. Muss ein Fahrzeug von den Behörden entfernt werden, werden die Kosten an den letzten Benutzer des Fahrzeuges weitergeleitet. Des Weiteren müssen die Geräte sauber gehalten werden.

Alkoholkonsum: Der Alkoholgrenzwert liegt bei 0,5 Promille Blutalkohol. Für Fahrer unter 21 gelten 0,0 Promille als Grenzwert. Beim Überschreiten der Grenzen sind die gleichen Strafen wie bei Autolenkern vorgesehen.

Bußgelder: Bei folgenden Verstößen ist mit Bußgeldern zu rechnen:
Fahren auf nicht zulässigen Wegen: 30 Euro
Fahren ohne Beleuchtung: 20 Euro
Fahren ohne Klingel: 15 Euro

Kandidatenblätter

Hören
40 Minuten

Das Modul Hören besteht aus vier Teilen.
Sie hören mehrere Texte und lösen Aufgaben dazu.

Lesen Sie jeweils zuerst die Aufgaben und hören Sie dann den Text dazu.
Für jede Aufgabe gibt es nur eine richtige Lösung.

Vergessen Sie bitte nicht, Ihre Lösungen auf den **Antwortbogen** zu übertragen.
Dazu haben Sie nach dem Hörverstehen fünf Minuten Zeit.

Hilfsmittel wie z. B. Wörterbücher oder Mobiltelefone sind nicht erlaubt.

듣기 시험 음성 QR

재생 시간은 듣기시험 전체 재생 시간과 동일하며, 중단 없이 들으면서 동시에 문제를 풀어야 합니다.

Goethe-Zertifikat B1 | Hören
Modelltest 1 | Kandidatenblätter

Teil 1

Sie hören nun fünf kurze Texte. Sie hören jeden Text **zweimal**. Zu jedem Text lösen Sie zwei Aufgaben.
Wählen Sie bei jeder Aufgabe die richtige Lösung.
Lesen Sie zuerst das Beispiel. Dazu haben Sie 10 Sekunden Zeit.

Beispiel

01 Emma schlägt eine Tour ohne Gruppenführer vor. | Richtig | ~~Falsch~~ ✗

02 Wo würde Emma am liebsten übernachten?
- [a] draußen im Zelt
- [b] draußen ohne Zelt
- [✗] in der Berghütte

Text 1

1 Die A7 ist in Richtung Memmingen gesperrt. | Richtig | Falsch

2 In Deggendorf wird man wegen …
- [a] eines Unfalls umgeleitet.
- [b] Wartungsarbeiten umgeleitet.
- [c] des Verkehrs umgeleitet.

Text 2

3 Der Termin von Frau Maurer wird verschoben. | Richtig | Falsch

4 Frau Maurer sollte …
- [a] zurückrufen.
- [b] einen neuen Termin finden.
- [c] in zwei Wochen kommen.

Text 3

5 Das Wetter im Süden wird besser. | Richtig | Falsch

6 Vorausgesagt werden …
- [a] Gewitter im ganzen Land.
- [b] Temperaturen unter 10 Grad.
- [c] Sonnenstrahlen am Montag.

Text 4

7 Ein Fahrzeug blockiert einen Fluchtweg. | Richtig | Falsch

8 Die Modenschau findet …
- [a] mit professionellen Models statt.
- [b] in zwei Stunden statt.
- [c] am Samstag statt.

Text 5

9 Frau Gruber hat sich bei einer Firma beworben. | Richtig | Falsch

10 Frau Gruber soll die Zertifikate …
- [a] zum Bewerbungsgespräch mitbringen.
- [b] bis morgen senden.
- [c] vor dem Arbeitsbeginn erhalten.

| Goethe-Zertifikat B1 | Hören |
| Modelltest 1 | Kandidatenblätter |

Teil 2

Sie hören nun einen Text. Sie hören den Text einmal. Dazu lösen Sie fünf Aufgaben.
Wählen Sie bei jeder Aufgabe die richtige Lösung a , b oder c .
Lesen Sie jetzt die Aufgaben 11 bis 15. Dazu haben Sie 60 Sekunden Zeit.

Sie nehmen an einem einwöchigen Sportcamp teil. Zu Beginn bekommen Sie einige Informationen.

11 Die Teilnehmer …
- a müssen das Frühstück zubereiten.
- b müssen nach dem Frühstück abspülen.
- c müssen vor dem Frühstück Sport machen.

12 Die erste Sporteinheit …
- a ist Laufen auf dem Sportplatz.
- b ist freiwillig.
- c beginnt um 10 Uhr.

13 Die Einheit am Nachmittag …
- a ist die Anstrengendste.
- b ist ein Ballsport.
- c ist von 12 bis 14 Uhr.

14 Die Theoriekurse …
- a sind immer gleich.
- b sind langweilig, aber wichtig.
- c sind freiwillig.

15 Am Abend …
- a ist das Programm nicht sehr anstrengend.
- b gibt es kein Sportprogramm.
- c kann man die Sporthallen nicht nutzen.

Teil 3

Sie hören nun ein Gespräch. Sie hören das Gespräch einmal. Dazu lösen Sie sieben Aufgaben.
Wählen Sie: Sind die Aussagen Richtig oder Falsch ?
Lesen Sie jetzt die Aufgaben 16 bis 22. Dazu haben Sie 60 Sekunden Zeit.

Sie sitzen in der Straßenbahn und hören, wie sich eine Frau und ein Mann, Paula und Felix, über das Wochenende unterhalten.

16	Paula kennt Johann nicht direkt.	Richtig	Falsch
17	Johann ist ein professioneller Bergsteiger.	Richtig	Falsch
18	Die Zugspitze ist der zweithöchste Berg in Deutschland.	Richtig	Falsch
19	Der Weg über das Reintal dauert normalerweise 8 Stunden.	Richtig	Falsch
20	Felix will mit Paula und Johann wandern gehen.	Richtig	Falsch
21	Johann wollte nicht mit der Seilbahn ins Tal fahren.	Richtig	Falsch
22	Felix hat Paula die Fotos in der Straßenbahn gezeigt.	Richtig	Falsch

Goethe-Zertifikat B1 Hören
Modelltest 1 — Kandidatenblätter

Teil 4

Sie hören nun eine Diskussion. Sie hören die Diskussion **zweimal**. Dazu lösen Sie acht Aufgaben.
Ordnen Sie die Aussagen zu: **Wer sagt was?**
Lesen Sie jetzt die Aussagen 23 bis 30. Dazu haben Sie 60 Sekunden Zeit.

Die Moderatorin diskutiert mit Martin Werner, Pressesprecher von Öl-Kom, und der Anwältin für Menschenrechte, Sabrina Ahorn, über die Frage „Wer ist für den Umweltschutz verantwortlich?"

		Moderatorin	Martin Werner	Sabrina Ahorn
Beispiel				
0	Derjenige, der den Müll macht, sollte ihn auch wieder wegräumen.	a	b	☒
23	Jeder muss etwas für den Umweltschutz tun.	a	b	c
24	Die Nachfrage regelt die Produktion von Plastik nicht.	a	b	c
25	Ölkonzerne arbeiten aktiv gegen umweltfreundliche Energiequellen.	a	b	c
26	Jeder darf seine eigenen Interessen vertreten.	a	b	c
27	Plastik und Treibstoff sind nicht umweltfreundlich.	a	b	c
28	Auch wenn die Produkte nicht umweltfreundlich sind, kann ein Konzern es sein.	a	b	c
29	Öl-Kom investiert nicht in umweltfördernde Projekte.	a	b	c
30	Alle müssen zusammenarbeiten, um etwas zu verändern.	a	b	c

Kandidatenblätter

Schreiben
60 Minuten

Das Modul *Schreiben* besteht aus drei Teilen.

In den **Aufgaben 1** und **3**
schreiben Sie E-Mails.
In **Aufgabe 2**
schreiben Sie einen Diskussionsbeitrag.

Sie können mit jeder Aufgabe beginnen.
Schreiben Sie Ihre Texte auf die
Antwortbogen.

Bitte schreiben Sie deutlich und verwenden
Sie keinen Bleistift.

Hilfsmittel wie z. B. Wörterbücher oder
Mobiltelefone sind nicht erlaubt.

Goethe-Zertifikat B1 — Schreiben
Modelltest 1 — Kandidatenblätter

Aufgabe 1
Arbeitszeit: 20 Minuten

Sie haben einen Deutschkurs im Internet gemacht und berichten Ihrer Freundin/Ihrem Freund darüber.
- Beschreiben Sie: Wie haben Sie gelernt?
- Begründen Sie: Welche Vorteile hat das Lernen im Internet?
- Machen Sie einen Vorschlag, wie Ihre Freundin/Ihr Freund Deutsch lernen sollte.

Schreiben Sie eine E-Mail (circa 80 Wörter).
Schreiben Sie etwas zu allen drei Punkten.
Achten Sie auf den Textaufbau (Anrede, Einleitung, Reihenfolge der Inhaltspunkte, Schluss).

Aufgabe 2
Arbeitszeit: 25 Minuten

Sie haben im Fernsehen eine Diskussionssendung zum Thema „Flexible Arbeitszeiten" gesehen. Im Online-Gästebuch der Sendung finden Sie folgende Meinung:

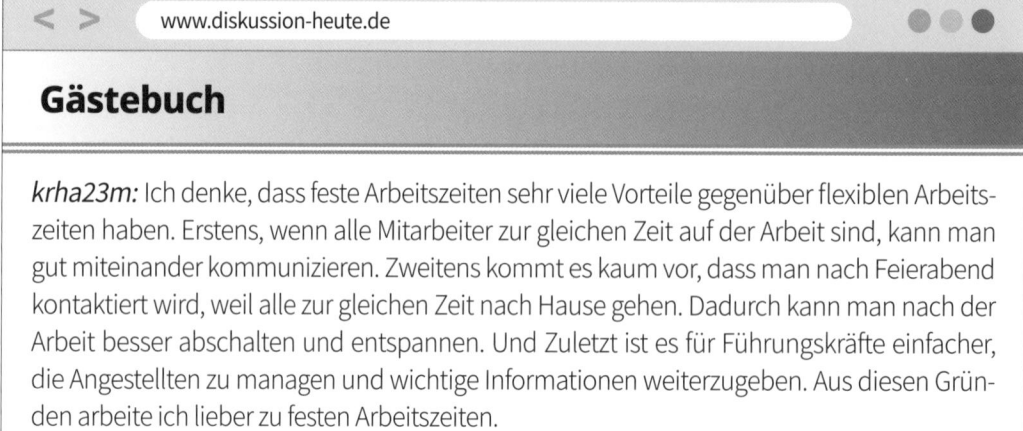

krha23m: Ich denke, dass feste Arbeitszeiten sehr viele Vorteile gegenüber flexiblen Arbeitszeiten haben. Erstens, wenn alle Mitarbeiter zur gleichen Zeit auf der Arbeit sind, kann man gut miteinander kommunizieren. Zweitens kommt es kaum vor, dass man nach Feierabend kontaktiert wird, weil alle zur gleichen Zeit nach Hause gehen. Dadurch kann man nach der Arbeit besser abschalten und entspannen. Und Zuletzt ist es für Führungskräfte einfacher, die Angestellten zu managen und wichtige Informationen weiterzugeben. Aus diesen Gründen arbeite ich lieber zu festen Arbeitszeiten.

Schreiben Sie nun Ihre Meinung zum Thema (circa 80 Wörter).

Aufgabe 3
Arbeitszeit: 15 Minuten

Sie haben sich für den Kurs „Erfolgreich Bewerben" angemeldet.
Zu dem zweiten Termin können Sie aber nicht kommen.

Schreiben Sie eine E-Mail an Ihren Kursleiter, Herrn Hofer. Entschuldigen Sie sich höflich und berichten Sie, warum Sie nicht kommen können.

Schreiben Sie eine E-Mail (circa 40 Wörter).
Vergessen Sie nicht die Anrede und den Gruß am Schluss.

Kandidatenblätter

Sprechen
15 Min. für zwei Teilnehmende

Das Modul Sprechen besteht aus drei Teilen.

In **Teil 1** planen Sie etwas gemeinsam mit Ihrem Partner/Ihrer Partnerin
(circa 3 Minuten).
In **Teil 2** präsentieren Sie ein Thema
(circa 3 Minuten). Wählen Sie ein Thema (Thema 1 oder Thema 2) aus.
In **Teil 3** sprechen Sie über Ihr Thema und das Ihres Partners/Ihrer Partnerin
(circa 2 Minuten).

Ihre Vorbereitungszeit beträgt 15 Minuten.
Sie bereiten sich allein vor.
Sie dürfen sich zu jeder Aufgabe Notizen machen. In der Prüfung sollen Sie frei sprechen.

Hilfsmittel wie z. B. Wörterbücher oder Mobiltelefone sind nicht erlaubt.

Goethe-Zertifikat B1 | **Sprechen**
Modelltest 1 | Kandidatenblätter

Teil 1 Gemeinsam etwas planen   Dauer: circa drei Minuten

Sie haben zusammen an einem Wettbewerb teilgenommen und eine zweitägige Reise in die Alpen gewonnen. Planen Sie gemeinsam den Ausflug.

Sprechen Sie über die Punkte unten, machen Sie Vorschläge und reagieren Sie auf die Vorschläge Ihres Gesprächspartners/Ihrer Gesprächspartnerin.
Planen und entscheiden Sie gemeinsam, was Sie tun möchten.

Reise in die Alpen planen

– *Wann? (Datum, Uhrzeit?)*

– *Wie hinkommen? (Bus, Bahn, ...)*

– *Wo wohnen? (Hütte, Zelt, ...)*

– *Was mitnehmen?*

– ...

Goethe-Zertifikat B1 Sprechen
Modelltest 1 — Kandidatenblätter

Teil 2 Ein Thema präsentieren   Dauer: circa drei Minuten

Wählen Sie ein Thema (Thema 1 oder Thema 2) aus.

Sie sollen Ihren Zuhörern ein aktuelles Thema präsentieren. Dazu finden Sie hier fünf Folien. Folgen Sie den Anweisungen links und schreiben Sie Ihre Notizen und Ideen rechts daneben.

Thema 1

Stellen Sie Ihr Thema vor. Erklären Sie den Inhalt und die Struktur Ihrer Präsentation.

Berichten Sie von Ihrer Situation oder einem Erlebnis im Zusammenhang mit dem Thema.

Berichten Sie von der Situation in Ihrem Heimatland und geben Sie Beispiele.

Nennen Sie die Vor- und Nachteile und sagen Sie dazu Ihre Meinung. Geben Sie auch Beispiele.

Beenden Sie Ihre Präsentation und bedanken Sie sich bei den Zuhörern.

Teil 2 Ein Thema präsentieren Dauer: circa drei Minuten

Wählen Sie ein Thema (Thema 1 oder Thema 2) aus.

Sie sollen Ihren Zuhörern ein aktuelles Thema präsentieren. Dazu finden Sie hier fünf Folien.
Folgen Sie den Anweisungen links und schreiben Sie Ihre Notizen und Ideen rechts daneben.

Thema 2

Stellen Sie Ihr Thema vor. Erklären Sie den Inhalt und die Struktur Ihrer Präsentation.

Berichten Sie von Ihrer Situation oder einem Erlebnis im Zusammenhang mit dem Thema.

Berichten Sie von der Situation in Ihrem Heimatland und geben Sie Beispiele.

Nennen Sie die Vor- und Nachteile und sagen Sie dazu Ihre Meinung. Geben Sie auch Beispiele.

Beenden Sie Ihre Präsentation und bedanken Sie sich bei den Zuhörern.

Goethe-Zertifikat B1 | **Sprechen**
Modelltest 1 | Kandidatenblätter

Teil 3 Über ein Thema sprechen

Nach Ihrer Präsentation:

Reagieren Sie auf die Rückmeldung und auf Fragen des Gesprächspartners/der Gesprächspartnerin und des Prüfers/der Prüferin.

Nach der Präsentation Ihres Partners/Ihrer Partnerin:

a) Geben Sie eine Rückmeldung zur Präsentation Ihres Partners/Ihrer Partnerin
    (z. B. wie Ihnen die Präsentation gefallen hat, was für Sie neu oder besonders interessant war usw.).
b) Stellen Sie auch eine Frage zur Präsentation Ihres Partners/Ihrer Partnerin.

MODELLTEST 2

Goethe-Zertifikat B1 Lesen
Modelltest 2 Kandidatenblätter

Modelltest 2

Kandidatenblätter

Lesen
65 Minuten

Das Modul *Lesen* hat 5 Teile.
Sie lesen mehrere Texte und lösen Aufgaben dazu. Sie können mit jeder Aufgabe beginnen. Für jede Aufgabe gibt es nur eine richtige Lösung.

Vergessen Sie bitte nicht, Ihre Lösungen innerhalb der Prüfungszeit auf den **Antwortbogen** zu schreiben.

Bitte schreiben Sie deutlich und verwenden Sie keinen Bleistift.

Hilfsmittel wie z. B. Wörterbücher oder Mobiltelefone sind nicht erlaubt.

Goethe-Zertifikat B1 Lesen
Modelltest 2 — Kandidatenblätter

Teil 1   Arbeitszeit: 10 Minuten

Lesen Sie den Text und die Aufgaben 1 bis 6 dazu.
Wählen Sie: Sind die Aussagen Richtig oder Falsch?

Betreff: Grüße aus Mallorca!

Lieber Andi,

wie geht es dir? Wie sieht das Leben in Deutschland aus? Wie du weißt, bin ich seit einem Monat auf Reisen. Und ich bin letzte Woche in Mallorca angekommen. Die Insel liegt im Mittelmeer und ist ein beliebtes Reiseziel von vielen Deutschen. Obwohl man auf Mallorca eigentlich Spanisch spricht, können viele Leute hier Deutsch sprechen. Deshalb hatte ich gar keine Probleme, obwohl ich einmal meine Tasche im Café vergessen habe. Aber zum Glück hat sich der Kellner noch an mich erinnert und mir die Tasche sofort gebracht, als er mich zurückkommen sah. Gefehlt hat auch nichts.

Das Image von Mallorca hat mich am Anfang ein bisschen abgeschreckt. Hast du schon einmal von den wilden Partys auf Mallorca gehört? Aber die Insel hat mehr zu bieten. Ich entspanne mich lieber am Strand und genieße das gute mediterrane Essen. Das Beste sind die Tapas! Tapas sind kleine Gerichte, die man meistens mit Wein isst. Es gibt sehr viele verschiedene Gerichte und weil sie alle recht klein sind, kann man viel ausprobieren und kosten.

Derzeit bin ich in der wunderschönen Cala Ratjada. Dort gibt es eine ruhige Badebucht und viele kleine Restaurants und Cafés. Normalerweise schlafe ich bis 10 Uhr, dann gehe ich ins Café und frühstücke etwas. Danach setze ich mich mit einem guten Buch an den Strand und lese. Wenn mir zu heiß wird, gehe ich kurz ins Wasser zur Abkühlung. Zu Mittag gibt es einen Salat in der Strandbar und am Abend gehe ich in die Tapas-Bar! Dieser Urlaub ist wirklich entspannend. Ich habe mich schon lange nicht mehr so wohl gefühlt.

Ich habe mir auch die Altstadt von Palma de Mallorca angesehen. Dort hat mir die gotische Kathedrale La Seu besonders gut gefallen. Der Baustil unterscheidet sich sehr von den Kirchen zu Hause. In der Stadt habe ich auch ein paar Souvenirs gekauft. Für dich ist auch eines dabei.

Ich kann dir nur empfehlen, einmal nach Mallorca zu fliegen. Es ist wirklich schön hier.

Liebe Grüße von der Insel! Bis bald!

Hannah

Goethe-Zertifikat B1 | **Lesen**
Modelltest 2 | Kandidatenblätter

noch **Teil 1**

Beispiel

0   Hannah macht gerade Urlaub auf einer Insel.   ~~Richtig~~ | Falsch

1   Auf Mallorca sprechen alle Deutsch.   Richtig | Falsch

2   Hannah hat auf ihrer Reise ihre Tasche verloren.   Richtig | Falsch

3   Sie wollte am Anfang nicht nach Mallorca gehen.   Richtig | Falsch

4   Tapas isst man normalerweise mit Wein.   Richtig | Falsch

5   Hannah genießt ihren Urlaub sehr.   Richtig | Falsch

6   Sie hat ein Geschenk für Andi in Cala Ratjada gekauft.   Richtig | Falsch

Goethe-Zertifikat B1 — Lesen

Modelltest 2 — Kandidatenblätter

Teil 2 Arbeitszeit: 20 Minuten

Lesen Sie den Text aus der Presse und die Aufgaben 7 bis 9 dazu.
Wählen Sie bei jeder Aufgabe die richtige Lösung a, b oder c.

Nachrichten in leichter Sprache

Nachrichten in leichter Sprache werden immer gefragter, nicht zuletzt, weil immer mehr Menschen im Ausland leben. Ob für Fremdsprachige oder Menschen mit Beeinträchtigungen, einige renommierte Zeitungen bieten ihre Artikel auch in leicht verständlicher Sprache an. In der Schweiz gibt es seit Kurzem auch eine Plattform, die genau das anbietet. Unter dem Motto „damit die Nachrichten auch ankommen" arbeiten Sie daran, dass die Nachrichten für alle zugänglich und verständlich sind.

Das ist vor allem jetzt, wo Unruhen in Europa herrschen, wichtig. Um die Geschehnisse zu begreifen, müssen alle die Nachrichten verstehen können. Die herkömmlichen Texte, die in den Medien veröffentlicht werden, sind oft zu schwer zu verstehen. Sie sind sehr lang und enthalten unendlich viele Fremdwörter. In der Schweiz allein gibt es mehrere Hunderttausend Menschen, die wegen einer Lernbeeinträchtigung oder weil sie fremdsprachig sind, die normalen Nachrichten nicht lesen können. Mit den Nachrichten in leichter Sprache können sie wieder unabhängig die Artikel lesen, die sie interessieren.

Doch noch ist die Website in der Probephase und die Gründer arbeiten ehrenamtlich. Man hofft, genügend Interesse und Unterstützungen für das Projekt sammeln zu können, um das Projekt permanent zu machen.

aus einer schweizer Zeitung adaptiert

Beispiel

0 Nachrichten in leichter Sprache …
a befassen sich nur mit einfachen Themen.
☒ sind leichter verständlich.
c werden extra für Deutschlernende gemacht.

7 In diesem Text geht es um …
a eine Plattform für leichte Sprache.
b Nachrichten und ihre Bedeutung.
c die Wichtigkeit von Nachrichten in leichter Sprache.

8 Normale Nachrichten …
a sind zu langweilig.
b sind schwer verständlich.
c sind in Fremdsprachen geschrieben.

9 Die Plattform …
a ist noch nicht fertig.
b braucht Geld, um weiter online zu bleiben.
c ist ein permanentes Projekt.

Goethe-Zertifikat B1 — Lesen
Modelltest 2 — Kandidatenblätter

noch **Teil 2**

Lesen Sie den Text aus der Presse und die Aufgaben 10 bis 12 dazu.
Wählen Sie bei jeder Aufgabe die richtige Lösung a, b oder c.

Fahrradtour mit „Häppchen"

Der ADFC (Allgemeiner deutscher Fahrrad-Club) Worms lädt am 9. Oktober zu einer ganz besonderen Fahrradtour ein. Die „Häppchen-Tour - Genuss im Wonnegau" bietet eine Weinwanderung auf zwei Rädern an. Bei jedem Halt gibt es Wein, Federweißen oder Federroten, sowie leckere Häppchen aus der Region gegen den Hunger. Doch sollten Sie nicht zu viel trinken, denn wer zu viel trinkt, muss das Fahrrad schieben.

Die Fahrradtour der Genießer, wie sie auch von den Einheimischen genannt wird, führt auch an vielen tollen Aussichtspunkten vorbei. Darunter befinden sich Aussichtspunkte in der Nähe von Osthofen, Dittelsheim-Heßloch und Bermersheim sowie Herrnsheim. Die Fahrradtour ist etwa 40 km lang und führt über sanfte Hügel. Die reine Fahrzeit dauert etwas mehr als zwei Stunden, aber planen Sie für die gesamte Tour circa sechs Stunden ein. Denn auch die Häppchen brauchen ihre Zeit.

Für ADFC-Mitglieder kostet die Tour 15 Euro. Nichtmitglieder bezahlen 18 Euro. Getränke und Speisen müssen extra bezahlt werden. Melden Sie sich schnell an, denn die Teilnehmerzahl ist auf 20 Personen begrenzt. Der Treffpunkt ist am Hauptbahnhof Worms und die Tour endet am Schloss Herrnsheim. Nach Ende der Tour können die Teilnehmer noch den Abend im Schlosshof genießen.

aus einer deutschen Zeitung adaptiert

Beispiel

0 Häppchen sind …
- a eine besondere Weinsorte.
- **[x] b etwas zu Essen.**
- c Aussichtspunkte auf der Tour.

10 In diesem Text geht es um …
- a eine besondere Fahrradtour.
- b die vier Aussichtspunkte in der Nähe von Worms.
- c den ADFC Worms.

11 Wenn man betrunken ist …
- a muss man nach Hause fahren.
- b darf man weiter mit der Gruppe fahren.
- c muss man das Fahrrad schieben.

12 Wenn man kein ADFC-Mitglied ist, …
- a muss man etwas mehr bezahlen.
- b kann man nicht an der Tour teilnehmen.
- c macht das keinen Unterschied.

Goethe-Zertifikat B1 Lesen
Modelltest 2 — Kandidatenblätter

Teil 3 Arbeitszeit: 10 Minuten

Lesen Sie die Situationen 13 bis 19 und die Anzeigen A bis J aus verschiedenen deutschsprachigen Medien. Wählen Sie: Welche Anzeige passt zu welcher Situation? Sie können **jede Anzeige nur einmal** verwenden. Die Anzeige aus dem Beispiel können Sie nicht mehr verwenden. Für eine Situation gibt es **keine passende Anzeige**. In diesem Fall schreiben Sie **0**.

Diese Menschen müssen umziehen und sie suchen ein passendes Angebot für ihre Bedürfnisse.

	Beispiel	
0	Ines sucht eine günstige Ein-Zimmer-Wohnung in Uninähe.	Anzeige: i

13	Gülcan erwartet ein Kind und möchte in eine größere Wohnung ziehen.	Anzeige: ____
14	Lorenz möchte ein Haus bauen und sucht ein Grundstück in Stadtnähe.	Anzeige: ____
15	Margarethe sucht eine Wohnung zum Kauf für ihre studierende Tochter.	Anzeige: ____
16	Martin beginnt bald zu studieren und er möchte nicht alleine wohnen.	Anzeige: ____
17	Steffan möchte alleine wohnen und nur 300 € Miete im Monat bezahlen.	Anzeige: ____
18	Petras Wohnung wird renoviert und sie sucht eine Bleibe für einen Monat.	Anzeige: ____
19	Kilian muss Geld sparen, deshalb sucht er ein Studentenwohnheim.	Anzeige: ____

---

a
Studentisches Apartment mit Loggia

Einzimmerwohnung, Hochparterre, 26 m²
- Einbauküche mit Theke
- 5 m² Kellerraum.
- Balkon mit Blick in den Innenhof
- Uninähe

Kaufpreis: 130.000 €
Monatliche Nebenkosten: 150 €

b
Modisches Studio mitten in Hannover

- komplett ausgestattet
- Bahnhofsnähe
- Park, Restaurants, Shops 5 min. zu Fuß
- Aufenthalt: min. 1 Monat bis zu 6 Monate
- Monatsmiete: 1400 € pauschal

noch **Teil 3**

Studentenwohnheim Deluxe

Wer sagt, Studentenwohnheime sind klein und schmutzig? Wir zeigen Euch, wie man auch als Student im Luxus leben kann.

- tägliche, professionelle Reinigung
- diverse Partyräume
- Fitnessstudio und Sauna.

Haben wir Dich überzeugt?
Miete inkl. aller Einrichtungen: 750-900 €

[c]

600m2 Bauland für € 449.000

Baugrundstück in traumhafter Lage vor den Toren Nürnbergs
Vereinen Sie Dorfleben und Metropole.
Die Fläche von 600 m² bietet genug Platz für Ihr Traumhaus mit Spielparadies.
+ Gut ausgebaute Infrastruktur
+ Familienfreundliche Umgebung

Theo Immobilien GmbH *0911 1311506*

[d]

Eigentumswohnung
Große Wohnung mit Dachterrasse

90 m² (Zimmer 3, Badezimmer 1, Küche 1)
Arztpraxen, Schulen und Supermärkte liegen im Umkreis von 500 Metern.
Ideal für Kinder, Spielplatz im Hof.
Bei Interesse: spittelauWHG@mail.com

[e]

Moderne Wohnanlagen für Studenten

Günstigste Studentenwohnungen der Stadt.
möbliert
Miete: 320-350 €
Wohnfläche: 17-20 m²
Bei Interesse melden Sie sich einfach bei stw-bremen.de an und bewerben sich noch heute.

[f]

Lagerraum zu vermieten

Sie brauchen Platz für Ihre alten Kinderspielsachen? Bei uns finden Sie den Platz, den Sie brauchen.

24/7 Videoüberwachung
Lagerräume: 1 - 15 m³
Mietdauer: 1 - 24 Monate
Kosten: 41 €/m³ mntl.

[g]

Großes WG-Zimmer am Naschmarkt

Wir, Anne und Peter, suchen ab nächstem Monat eine/n Mitbewohner/in. Die Wohnung hat 3 getrennt begehbare Zimmer, 1 Wohnküche, 1 Badezimmer und 1 separates WC. In unmittelbarer Nähe der TU und Mariahilferstraße.
Zimmergröße: 24,5 m²
Warmmiete: 600 € im Monat

[h]

Ein Raum zum Wohlfühlen

Die Wohnung besteht aus einem Flur, einem Bad und einem großen Wohnraum. Das Wohnhaus liegt an der Thielallee direkt neben dem Institut für Philosophie
Wohnfläche: 33 m²
Bezugsfrei ab: sofort
Kaltmiete: 260 €
Warmmiete: 380 €

[⊠]

Perfekte Bachelor-Wohnung im Zentrum

85 m² (Wohnküche 1, Zimmer 1, Bad 1, WC 1)
Die große Wohnküche (40 m²) eignet sich perfekt für Parties und gemütliche Abende zusammen mit Freunden. Das Schlafzimmer (26 m²) ist direkt mit dem Badezimmer verbunden.
Kaufpreis: 796.300 €
Nebenkosten: ca. 400 € mntl.

[j]

Goethe-Zertifikat B1 — Lesen
Modelltest 2 — Kandidatenblätter

Teil 4 Arbeitszeit: 15 Minuten

Lesen Sie die Texte 20 bis 26. Wählen Sie: Ist die Person für **eine Erhöhung des Renteneintrittsalters**, Ja oder Nein?

In Deutschland wurde beschlossen, das Renteneintrittsalter auf 67 anzuheben. Das gefällt nicht allen. In einem Internetforum lesen Sie Kommentare zur Frage „Soll das Renteneintrittsalter weiter erhöht werden?"

Beispiel
0 Renate — ~~Ja~~ | Nein

Nr.	Name	Ja	Nein
20	Albert	Ja	Nein
21	Emir	Ja	Nein
22	Sophie	Ja	Nein
23	Nadine	Ja	Nein
24	Ethan	Ja	Nein
25	Annabelle	Ja	Nein
26	Lorenz	Ja	Nein

Leserbriefe

Beispiel: Es gibt immer mehr alte und sehr alte Menschen in der Bevölkerung. In ein paar Jahren wird circa ein Drittel der Bevölkerung über 60 sein. Wir können nicht die Verantwortung für alle über 65 alleine tragen. Ich denke, das Renteneintrittsalter muss noch weiter erhöht werden.
Renate, 24, Köln

20 Ich weiß nicht, wieso sich die Menschen so über diese 2 Jahre aufregen. Es muss gemacht werden. Bis ich in Rente gehen kann, gibt es bestimmt noch weitere Erhöhungen. Die Lebenserwartung wird immer höher und viele Menschen sind auch wirklich fit mit 67. Mein Großvater ist 70 und denkt noch lange nicht an den Ruhestand.
Albert, 19, Schöningen

21 Also, ich sehe um mich herum immer mehr Leute in meinem Alter, die noch arbeiten möchten, aber einfach keinen Beruf mehr finden. Die, die schon lange in einer Firma arbeiten, werden langsam aber sicher von den Jungen hinausgedrängt. Bevor ich mit 65 arbeitslos bin, habe ich lieber eine sichere Rente.
Emir, 53, Bonn

22 Wenn man an Bürojobs denkt, ist 65 eigentlich noch nicht sehr alt. Dort kann man locker bis 75 sitzen und vor sich hinarbeiten. Aber wenn man an körperliche Arbeit denkt, dann ist 65 schon schwierig. Wenn man für alle das Renteneintrittsalter gleich anhebt, dann benachteiligt das viele Menschen, die körperliche Arbeit leisten.
Sophie, 25, Wolfsburg

23 Die Inflation ist derzeit sehr hoch und die Lohnnebenkosten sind auch schon hoch. Wenn die jungen Menschen noch mehr Senioren unterstützen müssen, dann müssen wir bald so viele Beiträge zahlen, dass uns selbst nichts mehr übrig bleibt. Es ist die einzige Lösung für dieses Problem.
Nadine, 27, Wien

24 Man merkt bei so einer Erhöhung, wem die Regierung den Rücken stärken will. Sozial und wirtschaftlich benachteiligte Gruppen sind das eindeutig nicht. Denn sie haben eine kürzere Lebenserwartung. Bei einer Erhöhung des Renteneintrittsalters kann es sein, dass sie nur arbeiten und sterben, bevor sie ihre Rente antreten.
Ethan, 42, Basel

25 Durch die niedrige Geburtenrate werden immer weniger Menschen geboren, somit haben wir auch weniger Menschen, die Rentenbeiträge zahlen. Dadurch ergibt sich ein Ungleichgewicht. Dieses Ungleichgewicht kann nur durch eine Erhöhung des Renteneintrittsalters ausgeglichen werden.
Annabelle, 34, Hamburg

26 Wie wir alle wissen, steigt die Lebenserwartung und dadurch beziehen die alten Menschen auch länger ihre Rente. Das heißt, jeder bekommt mehr Geld aus dem Rentopf. Damit wir uns das leisten können, müssen wir entweder die Zahl der zahlenden Menschen erhöhen oder die Höhe der Zahlungen verändern. Da bin ich eindeutig für die erste Lösung.
Lorenz, 30, Kiel

Goethe-Zertifikat B1 — Lesen
Modelltest 2 — Kandidatenblätter

Teil 5 Arbeitszeit: 10 Minuten

Lesen Sie die Aufgaben 27 bis 30 und den Text dazu.
Wählen Sie bei jeder Aufgabe die richtige Lösung a, b oder c.

Sie informieren sich über die Prüfungsordnung einer Sprachprüfung, die Sie bald schreiben werden.

27 Die Bewertungskriterien ...
- a muss man im Internet kaufen.
- b stehen in der Prüfungsordnung.
- c kann man im Internet nachlesen.

28 Wenn man die Prüfung nicht besteht, ...
- a kann man einen Teil der Prüfung wiederholen.
- b muss man die gesamte Prüfung wiederholen.
- c kann man die Prüfung nicht wiederholen.

29 Man muss die Prüfungsgebühr ...
- a bis zu einem bestimmten Datum bezahlen.
- b am Tag der Prüfung bezahlen.
- c nach der Prüfung bezahlen.

30 Die Ergebnisse werden ...
- a von einem Prüfungszentrum mitgeteilt.
- b mitgeteilt, wenn man danach fragt.
- c nur durch die Prüfungszentrale mitgeteilt.

Prüfungsordnung

1. Die Form der Prüfung und die Bewertungskriterien sind in den Modell- und Übungsprüfungen einzusehen. Die Modell- und Übungsprüfungen sind gratis im Internet auf der Website der Prüfungszentrale verfügbar. Es zählt immer die aktuelle Version der Modell- und Übungsprüfungen.
2. Die Prüfung wird in einzelne Abschnitte geteilt, um die Bewertung übersichtlicher zu gestalten. Um die Prüfung zu bestehen, sind alle Abschnitte zu bestehen. Einzelne Abschnitte können nicht wiederholt werden. Ist eine Wiederholung nötig, muss die gesamte Prüfung wiederholt werden.
3. Die Prüfungen werden in zertifizierten Prüfungszentren von geschulten Prüfern durchgeführt. Die Liste der zertifizierten Prüfungszentren finden Sie auf der Website der Prüfungszentrale.
4. Für die Teilnahme muss eine vorzeitige Anmeldung über das Portal der Prüfungszentrale vorgenommen werden. Eine Anmeldung vor Ort ist nicht möglich. Die Prüfungstermine und Anmeldefristen werden von den Prüfungszentren festgelegt.
5. Die Prüfungsgebühr ist auch gemäß den Fristen zu entrichten. Wenn die Zahlungsfristen nicht eingehalten werden, ist die Anmeldung ungültig und somit ist die Teilnahme an der Prüfung nicht möglich.
6. Die Prüfungsmaterialien werden ausschließlich von der Prüfungszentrale erstellt und vergeben. Die Prüfungsmaterialien können von den Prüfungszentren nicht verändert werden.
7. Vor der Prüfung muss die Identität der Prüfungsteilnehmer festgestellt werden. Daher ist ein amtlicher Lichtbildausweis, wie ein Pass oder Personalausweis, zur Prüfung mitzubringen.
8. Die Prüfungsergebnisse werden ausschließlich durch die Prüfungszentrale mitgeteilt. Eine vorzeitige Ergebnismitteilung ist nicht möglich.

Kandidatenblätter

Hören
40 Minuten

Das Modul Hören besteht aus vier Teilen.
Sie hören mehrere Texte und lösen Aufgaben dazu.

Lesen Sie jeweils zuerst die Aufgaben und hören Sie dann den Text dazu.
Für jede Aufgabe gibt es nur eine richtige Lösung.

Vergessen Sie bitte nicht, Ihre Lösungen auf den **Antwortbogen** zu übertragen.
Dazu haben Sie nach dem Hörverstehen fünf Minuten Zeit.

Hilfsmittel wie z. B. Wörterbücher oder Mobiltelefone sind nicht erlaubt.

듣기 시험 음성 QR

재생 시간은 듣기시험 전체 재생 시간과 동일하며, 중단 없이 들으면서 동시에 문제를 풀어야 합니다.

Goethe-Zertifikat B1	Hören
Modelltest 2	Kandidatenblätter

Teil 1

Sie hören nun fünf kurze Texte. Sie hören jeden Text **zweimal**. Zu jedem Text lösen Sie zwei Aufgaben. Wählen Sie bei jeder Aufgabe die richtige Lösung.
Lesen Sie zuerst das Beispiel. Dazu haben Sie 10 Sekunden Zeit.

Beispiel

01 Timo möchte nächste Woche in einen Freizeitpark gehen. ☐ Richtig ☒ Falsch

02 Timo würde am liebsten …
- [a] in einem Hostel übernachten.
- [b] bei seinem Bruder übernachten.
- [☒] in einem Hotel übernachten.

Text 1

1 Frau Hermann möchte das Paket morgen bekommen. ☐ Richtig ☐ Falsch

2 Herr Krammer soll das Paket …
- [a] zu seiner Nachbarin bringen.
- [b] vor seine Tür stellen.
- [c] behalten, weil es ein Geschenk ist.

Text 2

3 Man kann eine Geschichte per E-Mail senden. ☐ Richtig ☐ Falsch

4 Die Geschichten werden mit …
- [a] einem Experten besprochen.
- [b] einer berühmten Person besprochen.
- [c] den Hörern besprochen.

Text 3

5 In diesem Zug gibt es kein Bordrestaurant. ☐ Richtig ☐ Falsch

6 Die nächste Haltestelle ist …
- [a] Wien Hauptbahnhof.
- [b] Linz Hauptbahnhof.
- [c] Salzburg Hauptbahnhof.

Text 4

7 Unter 2000 m sind die Höchsttemperaturen gleich. ☐ Richtig ☐ Falsch

8 Über 1200 m gibt es …
- [a] keinen Nebel.
- [b] Hochnebelfelder.
- [c] viele Wolken.

Text 5

9 Frau Becker hatte einen Autounfall. ☐ Richtig ☐ Falsch

10 Frau Zimmermann sagt, man sollte
- [a] die Achse austauschen.
- [b] weiterhin mit dem Auto fahren.
- [c] ein neues Auto kaufen.

Goethe-Zertifikat B1 Hören
Modelltest 2 — Kandidatenblätter

Teil 2

Sie hören nun einen Text. Sie hören den Text einmal. Dazu lösen Sie fünf Aufgaben.
Wählen Sie bei jeder Aufgabe die richtige Lösung a , b oder c .
Lesen Sie jetzt die Aufgaben 11 bis 15. Dazu haben Sie 60 Sekunden Zeit.

Sie nehmen an einer Führung durch ein Museum teil. Zu Beginn bekommen Sie einige Informationen.

11 Das Museum …
- a hat alle Ausstellungen renoviert.
- b hat heute sehr viele Schülergruppen.
- c ist heute besonders still.

12 Der Gruppenleiter …
- a beantwortet nur Fragen.
- b erklärt zuerst die Ausstellungen.
- c beantwortet keine Fragen.

13 Nach der Führung …
- a kann man in ein Café gehen.
- b kann man ein Mikroskop benutzen.
- c darf man den Wissenschaftlern zusehen.

14 Die Dinosaurier …
- a sind am beliebtesten.
- b sind das Interessanteste im Museum.
- c sind nur bei Kindern beliebt.

15 Bei der Führung …
- a beschäftigt man sich nur mit der Vergangenheit.
- b kann man lernen, wieso es den Menschen gibt.
- c beschäftigt man sich mit zwei wichtigen Themen.

Goethe-Zertifikat B1 | **Hören**
Modelltest 2 | Kandidatenblätter

Teil 3

Sie hören nun ein Gespräch. Sie hören das Gespräch einmal. Dazu lösen Sie sieben Aufgaben.
Wählen Sie: Sind die Aussagen Richtig oder Falsch ?
Lesen Sie jetzt die Aufgaben 16 bis 22. Dazu haben Sie 60 Sekunden Zeit.

Sie sitzen im Café und hören, wie sich eine Frau und ein Mann, Frieda und Peter, über die Arbeit und Hobbys unterhalten.

16 Frieda bestellt ihren Kaffee im Café selbst.   Richtig | Falsch

17 Frieda findet die Idee von Ihrer Chefin schlecht.   Richtig | Falsch

18 Frieda nimmt die Hilfe von Peter nicht an.   Richtig | Falsch

19 Peter sucht schon nach einem neuen Job.   Richtig | Falsch

20 Peter wünscht sich mehr Abwechslung in seinem Leben.   Richtig | Falsch

21 Peter wollte schon immer Schauspieler werden.   Richtig | Falsch

22 Peter hat sich noch nicht für ein neues Hobby entschieden.   Richtig | Falsch

Teil 4

Sie hören nun eine Diskussion. Sie hören die Diskussion **zweimal**. Dazu lösen Sie acht Aufgaben.
Ordnen Sie die Aussagen zu: **Wer sagt was?**
Lesen Sie jetzt die Aussagen 23 bis 30. Dazu haben Sie 60 Sekunden Zeit.

Im Radio spricht die Moderatorin der Sendung „Rund um Deutschland" mit der Pädagogin Waltraud Lechner und mit Xaver Struber, Vater von drei Kindern, über das Thema Kindergartenpflicht.

		Moderatorin	Waltraud Lechner	Xaver Struber
Beispiel				
0	In Österreich gibt es eine Kindergartenpflicht.	☒	b	c
23	Kinder lernen im Kindergarten die Sprache besser als zu Hause.	a	b	c
24	Die Kinder in den Kindergarten zu schicken, ist sehr teuer.	a	b	c
25	Das Problem der individuellen Förderung gibt es im gesamten Schulsystem.	a	b	c
26	Es ist nicht einfach, in jeder Nachbarschaft eine Eltern-Kinder-Gruppe zu bilden.	a	b	c
27	Die Sprachkenntnisse der Kinder sind ein beliebtes Thema unter Politikern.	a	b	c
28	In Deutschland sind mehr als 90 % der Kinder in einem Kindergarten.	a	b	c
29	Viele Eltern schicken ihre Kinder auf Grund des Platzmangels nicht in den Kindergarten.	a	b	c
30	Die Eltern müssen in der Kindererziehung mehr unterstützt werden.	a	b	c

Goethe-Zertifikat B1	Schreiben
Modelltest 2	Kandidatenblätter

Kandidatenblätter

Schreiben
60 Minuten

Das Modul *Schreiben* besteht aus drei Teilen.

In den **Aufgaben 1** und **3**
schreiben Sie E-Mails.
In **Aufgabe 2**
schreiben Sie einen Diskussionsbeitrag.

Sie können mit jeder Aufgabe beginnen.
Schreiben Sie Ihre Texte auf die
Antwortbogen.

Bitte schreiben Sie deutlich und verwenden
Sie keinen Bleistift.

Hilfsmittel wie z. B. Wörterbücher oder
Mobiltelefone sind nicht erlaubt.

Goethe-Zertifikat B1 Schreiben
Modelltest 2 — Kandidatenblätter

Aufgabe 1
Arbeitszeit: 20 Minuten

Sie haben am Wochenende Geburtstag gefeiert und Ihre Freundin/Ihr Freund war krank, und konnte leider nicht kommen.
- Beschreiben Sie: Wie war die Feier?
- Fragen Sie: Ist Ihre Freundin/Ihr Freund wieder gesund?
- Machen Sie einen Vorschlag für ein Treffen.

Schreiben Sie eine E-Mail (circa 80 Wörter).
Schreiben Sie etwas zu allen drei Punkten.
Achten Sie auf den Textaufbau (Anrede, Einleitung, Reihenfolge der Inhaltspunkte, Schluss).

Aufgabe 2
Arbeitszeit: 25 Minuten

Sie haben im Fernsehen eine Diskussionssendung zum Thema „Freundschaften im Internet" gesehen. Im Online-Gästebuch der Sendung finden Sie folgende Meinung:

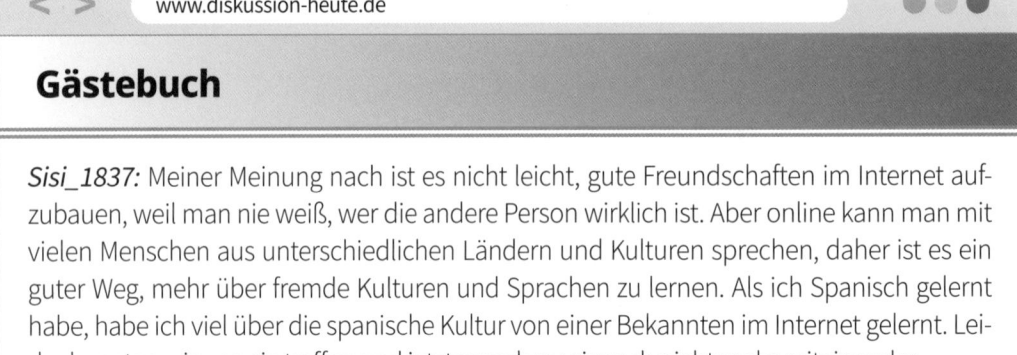

Sisi_1837: Meiner Meinung nach ist es nicht leicht, gute Freundschaften im Internet aufzubauen, weil man nie weiß, wer die andere Person wirklich ist. Aber online kann man mit vielen Menschen aus unterschiedlichen Ländern und Kulturen sprechen, daher ist es ein guter Weg, mehr über fremde Kulturen und Sprachen zu lernen. Als ich Spanisch gelernt habe, habe ich viel über die spanische Kultur von einer Bekannten im Internet gelernt. Leider konnten wir uns nie treffen und jetzt sprechen wir auch nicht mehr miteinander.

Schreiben Sie nun Ihre Meinung zum Thema (circa 80 Wörter).

Aufgabe 3
Arbeitszeit: 15 Minuten

Sie haben einen Termin bei der Bank vereinbart.
Leider können Sie aber nicht zu diesem Termin kommen.

Schreiben Sie eine E-Mail an Ihre Kundenberaterin, Frau Sommer. Entschuldigen Sie sich höflich und schlagen Sie einen neuen Termin vor.

Schreiben Sie eine E-Mail (circa 40 Wörter).
Vergessen Sie nicht die Anrede und den Gruß am Schluss.

Kandidatenblätter

Sprechen
15 Min. für zwei Teilnehmende

Das Modul Sprechen besteht aus drei Teilen.

In **Teil 1** planen Sie etwas gemeinsam mit Ihrem Partner/Ihrer Partnerin
(circa 3 Minuten).
In **Teil 2** präsentieren Sie ein Thema
(circa 3 Minuten). Wählen Sie ein Thema
(Thema 1 oder Thema 2) aus.
In **Teil 3** sprechen Sie über Ihr Thema und das Ihres Partners/Ihrer Partnerin
(circa 2 Minuten).

Ihre Vorbereitungszeit beträgt 15 Minuten.
Sie bereiten sich allein vor.
Sie dürfen sich zu jeder Aufgabe Notizen machen. In der Prüfung sollen Sie frei sprechen.

Hilfsmittel wie z. B. Wörterbücher oder Mobiltelefone sind nicht erlaubt.

Goethe-Zertifikat B1 | **Sprechen**
Modelltest 2 | Kandidatenblätter

Teil 1 Gemeinsam etwas planen
Dauer: circa drei Minuten

Ihre Kollegin aus der Sprachschule, Mia, hat bald Geburtstag und Sie möchten eine Überraschungsparty für sie vorbereiten. Planen Sie gemeinsam eine Party und ein Geschenk für Mia.

Sprechen Sie über die Punkte unten, machen Sie Vorschläge und reagieren Sie auf die Vorschläge Ihres Gesprächspartners/Ihrer Gesprächspartnerin.
Planen und entscheiden Sie gemeinsam, was Sie tun möchten.

Überraschungsfeier planen

– *Wann?*

– *Wo feiern? (Bar, Zuhause, …)*

– *Was vorbereiten? (Getränke, Essen, …)*

– *Was schenken?*

– *…*

Teil 2 Ein Thema präsentieren Dauer: circa drei Minuten

Wählen Sie ein Thema (Thema 1 oder Thema 2) aus.

Sie sollen Ihren Zuhörern ein aktuelles Thema präsentieren. Dazu finden Sie hier fünf Folien. Folgen Sie den Anweisungen links und schreiben Sie Ihre Notizen und Ideen rechts daneben.

Thema 1

Stellen Sie Ihr Thema vor. Erklären Sie den Inhalt und die Struktur Ihrer Präsentation.

Berichten Sie von Ihrer Situation oder einem Erlebnis im Zusammenhang mit dem Thema.

Berichten Sie von der Situation in Ihrem Heimatland und geben Sie Beispiele.

Nennen Sie die Vor- und Nachteile und sagen Sie dazu Ihre Meinung. Geben Sie auch Beispiele.

Beenden Sie Ihre Präsentation und bedanken Sie sich bei den Zuhörern.

Goethe-Zertifikat B1 Sprechen
Modelltest 2 — Kandidatenblätter

Teil 2 Ein Thema präsentieren   Dauer: circa drei Minuten

Wählen Sie ein Thema (Thema 1 oder Thema 2) aus.

Sie sollen Ihren Zuhörern ein aktuelles Thema präsentieren. Dazu finden Sie hier fünf Folien. Folgen Sie den Anweisungen links und schreiben Sie Ihre Notizen und Ideen rechts daneben.

Thema 2

Stellen Sie Ihr Thema vor. Erklären Sie den Inhalt und die Struktur Ihrer Präsentation.

Berichten Sie von Ihrer Situation oder einem Erlebnis im Zusammenhang mit dem Thema.

Berichten Sie von der Situation in Ihrem Heimatland und geben Sie Beispiele.

Nennen Sie die Vor- und Nachteile und sagen Sie dazu Ihre Meinung. Geben Sie auch Beispiele.

Beenden Sie Ihre Präsentation und bedanken Sie sich bei den Zuhörern.

Teil 3 Über ein Thema sprechen

Nach Ihrer Präsentation:
Reagieren Sie auf die Rückmeldung und auf Fragen des Gesprächspartners/der Gesprächspartnerin und des Prüfers/der Prüferin.

Nach der Präsentation Ihres Partners/Ihrer Partnerin:
a) Geben Sie eine Rückmeldung zur Präsentation Ihres Partners/Ihrer Partnerin
   (z. B. wie Ihnen die Präsentation gefallen hat, was für Sie neu oder besonders interessant war usw.).
b) Stellen Sie auch eine Frage zur Präsentation Ihres Partners/Ihrer Partnerin.

MODELLTEST
3

Goethe-Zertifikat B1 — Lesen
Modelltest 3 — Kandidatenblätter

Modelltest 3

Kandidatenblätter

Lesen

65 Minuten

Das Modul *Lesen* hat 5 Teile.
Sie lesen mehrere Texte und lösen Aufgaben dazu. Sie können mit jeder Aufgabe beginnen. Für jede Aufgabe gibt es nur eine richtige Lösung.

Vergessen Sie bitte nicht, Ihre Lösungen innerhalb der Prüfungszeit auf den **Antwortbogen** zu schreiben.

Bitte schreiben Sie deutlich und verwenden Sie keinen Bleistift.

Hilfsmittel wie z. B. Wörterbücher oder Mobiltelefone sind nicht erlaubt.

Goethe-Zertifikat B1 Lesen

Modelltest 3 — Kandidatenblätter

Teil 1   Arbeitszeit: 10 Minuten

Lesen Sie den Text und die Aufgaben 1 bis 6 dazu.
Wählen Sie: Sind die Aussagen Richtig oder Falsch?

JuliasLeben.de
Ich bin Julia und das ist mein Leben:

Montag, 1. Mai

Hallo Leute!
Ihr könnt euch gar nicht vorstellen, was mir heute passiert ist! Der heutige Tag war wirklich schrecklich! Zuerst dachte ich, ich habe verschlafen. Ich bin erst um 8 Uhr 30 aufgewacht, obwohl ich normalerweise um diese Uhrzeit schon in der U-Bahn sitzen muss. Also bin ich schnell aufgestanden und habe mich angezogen. Während des Zähneputzens habe ich ein Taxi gerufen und als ich im Taxi war, ist mir eingefallen, dass heute ein Feiertag ist.

Ich hätte mich also gar nicht beeilen müssen. Aber weil ich schon im Taxi war, habe ich mich entschieden, einfach in meinem Lieblingscafé frühstücken zu gehen. Ich bin ein wenig vor dem Café ausgestiegen, weil ich mir noch eine Zeitung holen wollte. Aber als ich vor dem Café angekommen bin, habe ich gesehen, dass das Café geschlossen war.

Also bin ich zur Bushaltestelle gegangen. Dort habe ich gefühlte Stunden auf den Bus gewartet. Wie lange es wirklich war, kann ich nicht sagen, denn der Akku meines Handys war leer. Also habe ich angefangen, meine Zeitung zu lesen. Die Artikel waren alle nicht sehr spannend, aber das Kreuzworträtsel auf der letzten Seite hat mich sehr gefesselt. So sehr, dass ich gar nicht gemerkt habe, dass ein Bus gekommen war. Erst als der Bus wieder weggefahren ist, habe ich es gemerkt…

Ich dachte mir, bis der nächste Bus kommt, dauert es sicher noch eine Stunde. Also habe ich mich entschlossen, zu Fuß zu gehen. Aber ich war noch keine 10 Minuten gelaufen, als plötzlich ein weiterer Bus mit der gleichen Nummer an mir vorbeigefahren ist. An der nächsten Haltestelle habe ich dann gewartet und bin endlich in den nächsten Bus eingestiegen.

Aber als ich mein Busticket bezahlen wollte, konnte ich meine Geldbörse nicht finden. Ich bin wieder ausgestiegen und zum Kiosk, in dem ich die Zeitung gekauft habe, gegangen. Zum Glück hatte die Verkäuferin die Geldbörse gefunden und sie gab sie mir. Ich war so erschöpft, dass ich die nette Dame bat, mir ein Taxi zu rufen. Sie hat das Taxi gerufen und mir eine Tasse heißen Kaffee gegeben, während ich auf das Taxi gewartet habe. Jetzt bin ich wieder zu Hause und kann endlich den freien Tag genießen.

Bis bald!
Eure Julia

Goethe-Zertifikat B1   Lesen
Modelltest 3   Kandidatenblätter

noch **Teil 1**

Beispiel

0   Julia hatte keinen schönen Feiertag.   ~~Richtig~~   Falsch

1   Julia hat geplant, mit dem Taxi zu ihrem Lieblingscafé zu fahren.   Richtig   Falsch

2   Das Café war an diesem Tag nicht geöffnet.   Richtig   Falsch

3   Julia weiß nicht, ob sie stundenlang an der Haltestelle gewartet hat.   Richtig   Falsch

4   Es ist kein Bus zur Bushaltestelle gekommen, weil Feiertag war.   Richtig   Falsch

5   Julia hat ihre Geldbörse verloren, als sie eine Zeitung gekauft hat.   Richtig   Falsch

6   Julia ist mit der Verkäuferin in ein Café gegangen.   Richtig   Falsch

Teil 2 Arbeitszeit: 20 Minuten

Lesen Sie den Text aus der Presse und die Aufgaben 7 bis 9 dazu.
Wählen Sie bei jeder Aufgabe die richtige Lösung a, b oder c.

Unser Dorf hat Zukunft

Schorndorf in Bayern hat bei dem Wettbewerb „Unser Dorf hat Zukunft" die Bronzemedaille erhalten. Dieser Erfolg ist eine wichtige Grundlage für die weitere positive Entwicklung des Dorfes. In dem Wettbewerb wurden soziale, kulturelle und umweltfreundliche Aspekte bewertet. In Schorndorf wurden vor allem der Erhalt und die Erneuerung des Ortszentrums gelobt. Hier wird seit mehreren Jahren daran gearbeitet, das Ortszentrum am Leben zu erhalten und fit für die Zukunft zu machen. Auch für den wirtschaftlichen Aufschwung wird einiges getan. So gibt es für junge Start-ups ein „Gründerzentrum" und auch für die Bildung der Jugend ist gesorgt, die Schule und der Kindergarten des Dorfes sind auf dem neuesten Stand.

Zudem ist die Natur ein wichtiger Punkt in Schorndorf. Dies beginnt bei öffentlichen Gebäuden und endet erst vor der eigenen Haustüre, so der Bürgermeister. Die Schule, der Kindergarten und das Seniorenheim sind von üppigen Grünflächen umgeben. In der Schule gibt es sogar einen Schulgarten, in dem die Kinder selbst Gemüse und Obst anbauen. Außerdem gibt es anstelle von Zäunen grüne Hecken, alle Ortseinfahrten wurden in baumreiche Alleen verwandelt und grüne Privatgärten werden von der Gemeinde durch finanzielle Unterstützung gefördert.

aus einer deutschen Zeitung adaptiert

Beispiel

0 „Unser Dorf hat Zukunft" ist …
- a der Name eines Projekts im Dorf.
- ☒ der Name eines Wettbewerbs.
- c die Grundlage für den Erfolg des Dorfes.

7 In diesem Text geht es um …
- a die Zukunft des Dorfes Schorndorf
- b die Bemühungen des Dorfes Schorndorf.
- c die Teilnahme an einem Wettbewerb.

8 Das „Gründerzentrum" ist …
- a für Schüler und Studenten.
- b für Menschen, die schon lange eine Firma haben.
- c für Menschen, die eine neue Firma gründen.

9 Die Gemeinde gibt Geld an …
- a Privatpersonen für ihren eigenen Garten.
- b Gärtner für die Pflege der Alleen.
- c Privatpersonen für die Pflege der Alleen.

noch Teil 2

Lesen Sie den Text aus der Presse und die Aufgaben 10 bis 12 dazu.
Wählen Sie bei jeder Aufgabe die richtige Lösung a, b oder c.

Glück kann man doch kaufen

Jeder hat schon einmal gehört, dass man Glück nicht kaufen kann. Neue Studien zeigen allerdings das Gegenteil. Es kommt aber immer darauf an, was wir mit unserem Geld kaufen. Wenn wir Geld für neue Dinge für uns selbst ausgeben, zeigt sich keine positive Veränderung der Zufriedenheit. Was uns aber glücklich macht, sind Geschenke für unsere Liebsten. Es kommt dabei nicht auf den Betrag an, den wir ausgeben, vielmehr geht es um die nette Geste und die Gefühle, die wir damit ausdrücken. Eine weitere Studie zeigt, dass Paare, die regelmäßig Geld für einander ausgeben, glücklicher sind. Doch nicht nur Menschen können die Empfänger unserer Aufmerksamkeiten sein. Auch Einkäufe für Haustiere machen glücklich. Ein Experiment in den USA zeigte, dass Freiwillige, die fünf Dollar für ihre Haustiere ausgeben durften, glücklicher waren als Freiwillige, die Geld für Mitmenschen ausgeben durften.

Wenn wir uns selbst einmal etwas Gutes tun wollen, können wir dies durchaus auch mit Geld machen. Allerdings sollten wir uns keine Gegenstände, sondern besondere Erlebnisse gönnen. Denn wir erinnern uns besser an Momente als an das neueste Gadget. Solange wir die richtigen Dinge kaufen, ist Glück also doch käuflich.

aus einer österreichischen Zeitung adaptiert

Beispiel

0 Neue Studien zeigen, dass ...
- a) man Glück nicht kaufen kann.
- ☒ b) man Glück doch kaufen kann.
- c) man Glück geschenkt bekommen muss.

10 In diesem Text geht es um ...
- a) verschiedene Arten, glücklich zu werden.
- b) verschiedene Möglichkeiten, Glück zu kaufen.
- c) Glück im Allgemeinen.

11 Wenn man Freunden etwas kauft, ...
- a) dürfen es keine Gegenstände sein.
- b) muss das Geschenk teuer sein.
- c) ist der Preis nicht wichtig.

12 Menschen sind glücklicher, wenn ...
- a) sie Geld für ihre Haustiere ausgeben.
- b) sie sich ein neues Gadget kaufen.
- c) sie ein Geschenk für ihre Freunde kaufen.

Goethe-Zertifikat B1 — **Lesen**
Modelltest 3 — Kandidatenblätter

Teil 3 Arbeitszeit: 10 Minuten

Lesen Sie die Situationen 13 bis 19 und die Anzeigen A bis J aus verschiedenen deutschsprachigen Medien. Wählen Sie: Welche Anzeige passt zu welcher Situation? Sie können **jede Anzeige nur einmal** verwenden.
Die Anzeige aus dem Beispiel können Sie nicht mehr verwenden. Für eine Situation gibt es **keine passende Anzeige**. In diesem Fall schreiben Sie **0**.

Diese jungen Menschen möchten etwas Geld verdienen und suchen dafür passende Angebote.

Beispiel		
0	Ida studiert Jura und sucht einen Nebenjob in ihrem Fach.	Anzeige: i

13	Greta will noch vor Weihnachten etwas Geld dazu verdienen.	Anzeige: ____
14	Ludwig sucht nach einem Job, bei dem er sportlich und flexibel sein kann.	Anzeige: ____
15	Manuel studiert Mathematik und möchte flexible Arbeitszeiten.	Anzeige: ____
16	Mia möchte 20 Stunden in der Woche von zu Hause arbeiten.	Anzeige: ____
17	Severin muss ein Praktikum machen, um sein Studium abzuschließen.	Anzeige: ____
18	Paul würde gerne geringfügig an der Universität arbeiten.	Anzeige: ____
19	Karla möchte jedes Wochenende ein paar Stunden lang arbeiten.	Anzeige: ____

---

a

Kannst du hervorragend schwimmen?
Das Schwimmbad Bäderland St. Pauli sucht eine/n Rettungsschwimmer/in für die Sommermonate. Vor Beginn der Sommerferien bieten wir für unsere Bewerber einen Rettungsschwimmerkurs mit Zertifikatsprüfung an.
samstags, 10 h/Woche 13 €/h

Bewerbung an: stpauli@bäderland.de

b

Nachhilfelehrer/in für Oberstufe
DU machst ein Studium mit mathematischem Schwerpunkt?
DU hast schon etwas Erfahrung?
DU suchst einen Studentenjob, der sich an deinen Kalender anpasst?
DU möchtest einen Job mit langfristiger Perspektive?
Dann bewirb DICH jetzt bei LernMT.de!

noch Teil 3

c Punschverkäufer/in gesucht!
20 Wochenstunden, 10 €/h
Auf unserem Weihnachtsmarkt brauchen wir noch Verstärkung. Der Punschstand öffnet von 11.11. bis 23.12. täglich von 14-21 Uhr. Die Stunden sind in Absprache einteilbar. Bei Interesse: info@punschfee.at

d Sie studieren an der Heinrich-Heine-Universität Düsseldorf und möchten das Team des Studierenden Service Centers unterstützen? Dann senden Sie Ihre Bewerbung an kontak@hhu.de.
20 h/Woche, Mo-Fr 8.00-12.00 Uhr, Entlohnung nach Qualifikationen

e Werde **Fahrradbote/Fahrradbotin** bei Delirado!
Du bist gerne an der frischen Luft und möchtest Sport mit deiner Arbeit kombinieren? Dann werde ein Teil von Delirado! Einfach auf Delirado registrieren und sofort mit dem ersten Auftrag loslegen!

f Du stehst vor dem Abschluss und brauchst nur noch das Praktikum? Wir vermitteln Dich an die richtigen Firmen. Einfach anmelden, einen Fragebogen ausfüllen und den Lebenslauf hochladen. Das erste Angebot bekommst Du spätestens eine Woche nach der Anmeldung.

g *Aushilfslehrer/in gesucht!*
An der neuen Mittelschule Fernpaßstraße wird eine Lehrkraft auf Zeit gesucht. Mathematikstudenten sind willkommen.
Ihre Aufgaben: Mathematikunterricht der 7. und 8. Klassen
Von: 07.01 bis 20.02

h **Aushilfe gesucht!**
Im Souvenir-Shop Schneekugel wird eine Samstagskraft gesucht.
Sprachkenntnisse: Deutsch, Englisch + eine weitere Sprache vorausgesetzt
Erfahrung in der Servicebranche gewünscht
8 h/Woche, 12 €/h

☒ *Studentische/r Mitarbeiter/in gesucht. geringfügig, dienstags*
Aufgaben: Erstellung von Anträgen, Kommunikation mit Verwaltungsbehörden
Erwartung: Jurastudium (2. Abschnitt), Büroerfahrung, ausgezeichnete Deutschkenntnisse, gute Englischkenntnisse
480 €/Monat, 8 h/Woche

j Du hast jeden Tag ein bisschen Zeit? Du willst ein regelmäßiges Einkommen, aber in deinen eigenen vier Wänden fühlst du dich am wohlsten? Wir haben das perfekte Angebot für dich! Werde Comic-Übersetzer und verdiene deinen Lebensunterhalt auf dem Sofa.
Mo-Fr, je 4 Stunden

Goethe-Zertifikat B1 — Lesen
Modelltest 3 — Kandidatenblätter

Teil 4 — Arbeitszeit: 15 Minuten

Lesen Sie die Texte 20 bis 26. Wählen Sie: Ist die Person für **allgemeine zweisprachige Erziehung**, Ja oder Nein?

In Deutschland werden viele Kinder zweisprachig erzogen. Das finden nicht alle richtig. In einem Internetforum lesen Sie Kommentare zur Frage „Ist eine allgemeine zweisprachige Erziehung gut für unsere Kinder?"

Beispiel
0 Eduard — ~~Nein~~

Nr	Person	Ja	Nein
20	Tina	Ja	Nein
21	Rudolf	Ja	Nein
22	Elisabeth	Ja	Nein
23	Erwin	Ja	Nein
24	Nina	Ja	Nein
25	Elias	Ja	Nein
26	Zoya	Ja	Nein

Leserbriefe

Beispiel: Also, eine bilinguale Erziehung für alle Kinder kann ich mir nicht vorstellen. Wenn die Eltern zwei verschiedene Sprachen sprechen, ist es durchaus möglich. Aber wenn das nicht der Fall ist, ist es schwer, beide Sprachen gut zu beherrschen. Und ich denke, es könnte auch die Entwicklung der Kinder stören.
Eduard, 42, Köln

20 Meine Cousine wächst zweisprachig auf. Sie ist jetzt 5 Jahre alt und kann sich noch immer nicht auf einer Sprache richtig unterhalten. Sie vermischt beide Sprachen immer. Wenn sie mit mir spricht, versucht sie nur Deutsch zu sprechen, aber es klappt einfach nicht. Ich denke, dass es leider vielen Kindern so geht.
Tina, 20, Schöningen

21 In meiner Generation wusste man noch nicht, dass Kinder auch zwei Sprachen lernen können. Mein Vater kommt aus den USA und meine Mutter aus Deutschland, aber weil wir in Deutschland gewohnt haben, habe ich nur Deutsch gelernt. Mein Englisch ist nicht sehr gut, und das finde ich sehr schade. Ich denke, man sollte den Kindern die Möglichkeit geben.
Rudolf, 63, Bonn

22 Ich selbst habe als Kind Spanisch und Deutsch gelernt. In der Schule sind dann noch Englisch und Französisch dazugekommen. Auf dem Arbeitsmarkt hat man mit vier Sprachen und einer guten Ausbildung eindeutig einen Vorteil. Ich denke zwar, dass nicht alle Kinder gleich gut sind, aber man kann es durchaus versuchen.
Elisabeth, 29, Wolfsburg

23 Wenn ich die Zeit zurückdrehen könnte, würde ich und meine Kinder nur Deutsch lernen lassen. Wir haben es versucht, aber die Kinder konnten bei Schulbeginn noch keine Sprache richtig gut. Der Ältere hat immer noch Probleme in der Schule. Zwar ist seine Aussprache in beiden Sprachen ausgezeichnet. Aber die Grammatik …
Erwin, 45, Wien

24 Also bei uns in der Schweiz ist es eigentlich die Norm, dass man schon als Kind zwei Sprachen lernt. Es ist natürlich nicht einfach und die Eltern und Erzieher müssen ein wenig aufpassen. Vor allem wenn die Eltern beide Sprachen sprechen, müssen sie konsequent bleiben, sonst verwendet das Kind einfach die bequemere Sprache.
Nina, 18, Basel

25 Sämtliche Studien haben gezeigt, dass bilinguale Kinder nicht nur ein besseres Sprachgefühl haben, sondern auch andere kognitive Fähigkeiten besser ausgebildet sind. Wenn wir unseren Kindern in der Zukunft eine Chance geben möchten, müssen wir uns für eine zweisprachige Erziehung entscheiden. Wenn der Staat dabei hilft, muss es natürlich allgemeine Regeln geben.
Elias, 24, Hamburg

26 Zweisprachige Erziehung für alle? Wer soll denn all diese Kinder unterrichten? Selbst wenn alle Kindergärtner und Kindergärtnerinnen verschiedene Muttersprachen haben, würden die Kinder die Fremdsprache nicht lernen wollen. Sie würden nicht gerne in den Kindergarten gehen und den ganzen Tag nur nach der Mama suchen… Da sollten sie lieber später eine andere Sprache lernen.
Zoya, 30, Kiel

Goethe-Zertifikat B1 | **Lesen**

Modelltest 3 | Kandidatenblätter

Teil 5   Arbeitszeit: 10 Minuten

Lesen Sie die Aufgaben 27 bis 30 und den Text dazu.
Wählen Sie bei jeder Aufgabe die richtige Lösung a, b oder c.

Sie informieren sich über die Hausordnung eines Hostels, in dem Sie einige Nächte lang bleiben werden.

27 Wer rauchen möchte, …
- a kann in einem bestimmten Bereich rauchen.
- b muss sich ein anderes Hostel suchen.
- c darf überall rauchen.

28 Partys können …
- a nur tagsüber gefeiert werden.
- b nur in den Gemeinschaftsräumen stattfinden.
- c in diesem Hostel nicht gefeiert werden.

29 Wenn ich meine Sachen verliere, …
- a bezahlt das Hostel Schadensersatz.
- b kann ich sie beim Personal wiederfinden.
- c bin ich selbst dafür verantwortlich.

30 Nach Benutzung des Zimmers …
- a muss man immer für die Reinigung zahlen.
- b muss man bei starker Verunreinigung zahlen.
- c muss man nie für die Reinigung zahlen.

Hausordnung

1. Mit dem Beschluss des Nichtraucherschutzes in Deutschland ist das Rauchen im gesamten Innenbereich des Hostels untersagt! Bei Zuwiderhandlung wird eine Entschädigung von 100 Euro verlangt. Zudem muss das Zimmer umgehend verlassen werden. Verbleibende Tage werden nicht rückerstattet. Rauchen ist nur im gekennzeichneten Bereich vor dem Hostel gestattet.

2. Die Nachtruhe ist von 22:00 bis 06:00 Uhr. Zu dieser Zeit sind die Mehrbettzimmer bitte leise zu betreten und verlassen. Des Weiteren sind Partys in den Schlafräumen nicht gestattet. Für Zusammentreffen müssen die Gemeinschaftsräume genutzt werden. Die Gemeinschaftsräume sind rund um die Uhr zugänglich. Bei wiederholten Beschwerden werden Störenfriede aus dem Hostel verwiesen. Zudem wird bei Verhalten, das möglicherweise die Sicherheit anderer Personen gefährdet, ein sofortiges Hausverbot verhängt.

3. Die unsachgemäße Nutzung der gesamten Einrichtung des Hostels, insbesondere auch das Turnen an Hochbetten, ist strengstens untersagt. Für Verletzungen oder Schäden, die auf unsachgemäßer Benutzung der Einrichtung beruhen, übernimmt das Hostel keine Haftung. Für Schäden an der Einrichtung werden die Verantwortlichen zur Kasse gebeten.

4. Während des Aufenthaltes ist für eine Verwahrung der eigenen Gegenstände selbst zu sorgen. Wertsachen können beim Personal abgegeben werden. In der Lobby stehen auch Schließfächer zur Verfügung. Bei Verlust übernimmt das Hostel keine Haftung!

5. Im Erdgeschoss stehen eine Waschmaschine und ein Trockner zur Verfügung. Nasse Wäsche ist im Waschraum und nicht in den Zimmern aufzuhängen. In den Zimmern ist außerdem der Verzehr von Alkohol oder alkoholischen Mixgetränken (inklusive Bier & Wein) untersagt. Bei besonderer Verschmutzung der Zimmer kann eine extra Reinigungspauschale von bis zu 100 Euro verlangt werden.

Kandidatenblätter

Hören
40 Minuten

Das Modul Hören besteht aus vier Teilen.
Sie hören mehrere Texte und lösen Aufgaben dazu.

Lesen Sie jeweils zuerst die Aufgaben und hören Sie dann den Text dazu.
Für jede Aufgabe gibt es nur eine richtige Lösung.

Vergessen Sie bitte nicht, Ihre Lösungen auf den **Antwortbogen** zu übertragen.
Dazu haben Sie nach dem Hörverstehen fünf Minuten Zeit.

Hilfsmittel wie z. B. Wörterbücher oder Mobiltelefone sind nicht erlaubt.

듣기 시험 음성 QR

재생 시간은 듣기시험 전체 재생 시간과 동일하며, 중단 없이 들으면서 동시에 문제를 풀어야 합니다.

Goethe-Zertifikat B1	Hören
Modelltest 3	Kandidatenblätter

Teil 1

Sie hören nun fünf kurze Texte. Sie hören jeden Text **zweimal**. Zu jedem Text lösen Sie zwei Aufgaben. Wählen Sie bei jeder Aufgabe die richtige Lösung.
Lesen Sie zuerst das Beispiel. Dazu haben Sie 10 Sekunden Zeit.

Beispiel
01 Herr König hat sich schon für die Knöpfe entschieden.   Richtig | ~~Falsch~~
02 Um den Anzug fertig zu machen, muss Herr König …
   a die Knöpfe bestellen.
   ☒ in die Schneiderei kommen.
   c Herrn Vogel helfen.

Text 1
1 Herr Lehmann bekommt am Freitag einen neuen Herd.   Richtig | Falsch
2 Die neue Nachbarin zieht am Sonntag ein, weil
   a noch kein Herd da ist.
   b es laut werden kann.
   c sie sonst keine Zeit hat.

Text 2
3 Sandra will im Kino ganz vorne sitzen.   Richtig | Falsch
4 Sandra kann nur morgen ins Kino, weil
   a es keine Tickets mehr gibt.
   b Evelin keine Zeit hat.
   c sie zu arbeiten beginnt.

Text 3
5 Es fliegen heute viele Menschen mit diesem Flugzeug.   Richtig | Falsch
6 Familien mit Kindern dürfen …
   a zuerst einsteigen.
   b beim Business-Schalter einsteigen.
   c noch ein wenig warten.

Text 4
7 Bei „Steuerausgleich" kann man etwas gewinnen.   Richtig | Falsch
8 Wenn man seinen Namen im Radio hört,
   a muss man anrufen.
   b hat man gewonnen.
   c kann man eine Rechnung senden.

Text 5
9 Heute wird es im Süden so warm wie immer.   Richtig | Falsch
10 Am Dienstag wird es im ganzen Land
   a wärmer.
   b regnerisch.
   c windig.

Goethe-Zertifikat B1 — Hören
Modelltest 3 — Kandidatenblätter

Teil 2

Sie hören nun einen Text. Sie hören den Text einmal. Dazu lösen Sie fünf Aufgaben.
Wählen Sie bei jeder Aufgabe die richtige Lösung a, b oder c.
Lesen Sie jetzt die Aufgaben 11 bis 15. Dazu haben Sie 60 Sekunden Zeit.

Sie nehmen an einer Stadtführung teil. Zu Beginn bekommen Sie einige Informationen.

11 Die neue Altstadt …
- a wurde im 21. Jahrhundert wieder aufgebaut.
- b ist ein originalgetreues Replikat einer Römerstadt.
- c ist erst nach dem Ersten Weltkrieg entstanden.

12 Die Stadthäuser …
- a sind originale Häuser aus dem 20. Jahrhundert.
- b sind nicht zum Wohnen geeignet.
- c kann man sich heute von innen ansehen.

13 Nach dem Mittagessen …
- a wird der Frankfurter Dom besichtigt.
- b geht die Tour weiter.
- c kann man einen Dschungel besuchen.

14 Kaiserin Sisi …
- a hat Palmen in Frankfurt angepflanzt.
- b mochte die Stadt Frankfurt.
- c hatte ein spannendes Erlebnis in der Stadt.

15 Die Teilnehmer bekommen …
- a eine Karte, damit sie die Gruppe wiederfinden.
- b eine Karte, damit sie den Weg finden.
- c einen Terminplan, damit sie nicht verloren gehen.

Goethe-Zertifikat B1 | **Hören**
Modelltest 3 | Kandidatenblätter

Teil 3

Sie hören nun ein Gespräch. Sie hören das Gespräch einmal. Dazu lösen Sie sieben Aufgaben.
Wählen Sie: Sind die Aussagen Richtig oder Falsch?
Lesen Sie jetzt die Aufgaben 16 bis 22. Dazu haben Sie 60 Sekunden Zeit.

Sie sitzen im Wartezimmer und hören, wie sich eine Frau und ein Mann, Regina und Emil, über das Wochenende unterhalten.

16 Regina ist beim Arzt, weil sie krank ist. | Richtig | Falsch

17 Regina war nicht zur Hochzeit von Tina und Josef eingeladen. | Richtig | Falsch

18 Nach der Zeremonie gab es Essen direkt am Wasser. | Richtig | Falsch

19 Das Brautpaar hat mit allen Fotos auf dem Steg gemacht. | Richtig | Falsch

20 Emil hat die Fotos mit Freunden aus der Schule gemacht. | Richtig | Falsch

21 Emil ist nach hinten gegangen, weil er weiter hinten sein wollte. | Richtig | Falsch

22 Das Handy ist kaputt gegangen, weil es auf den Steg gefallen ist. | Richtig | Falsch

Goethe-Zertifikat B1 | **Hören**
Modelltest 3 | Kandidatenblätter

Teil 4

Sie hören nun eine Diskussion. Sie hören die Diskussion **zweimal**. Dazu lösen Sie acht Aufgaben.
Ordnen Sie die Aussagen zu: **Wer sagt was?**
Lesen Sie jetzt die Aussagen 23 bis 30. Dazu haben Sie 60 Sekunden Zeit.

Im Radio spricht die Moderatorin der Sendung „Rund um Deutschland" mit dem Allgemeinmediziner Sebastian Huber und mit der Expertin in Kräutermedizin Valerie Kramer über das Thema „Gesundheit im Alltag".

		Moderatorin	Sebastian Huber	Valerie Kramer
Beispiel				
0	Gesunde Ernährung ist die Basis für die Gesundheit.	a	☒	c
23	Um gesund zu sein, sollte man Stress reduzieren.	a	b	c
24	Stressvermeidung und gesunde Ernährung sind vermutlich sehr wichtig.	a	b	c
25	Es gibt keine gesunde Ernährung, die für alle gleich gesund ist.	a	b	c
26	Ich bin mir nicht sicher, ob Kräuter und Lebensmittel eine medizinische Wirkung haben.	a	b	c
27	Vor allem im Alltag eignen sich Tees, um kleine Unannehmlichkeiten zu behandeln.	a	b	c
28	Stress hindert den Körper am Gesundwerden.	a	b	c
29	70 Prozent der Deutschen gehen krank zur Arbeit.	a	b	c
30	Viele Patienten denken, dass sie Krankheiten verhindern können.	a	b	c

Kandidatenblätter

Schreiben
60 Minuten

Das Modul *Schreiben* besteht aus drei Teilen.

In den **Aufgaben 1** und **3**
schreiben Sie E-Mails.
In **Aufgabe 2**
schreiben Sie einen Diskussionsbeitrag.

Sie können mit jeder Aufgabe beginnen.
Schreiben Sie Ihre Texte auf die
Antwortbogen.

Bitte schreiben Sie deutlich und verwenden
Sie keinen Bleistift.

Hilfsmittel wie z. B. Wörterbücher oder
Mobiltelefone sind nicht erlaubt.

Goethe-Zertifikat B1 — Schreiben
Modelltest 3 — Kandidatenblätter

Aufgabe 1
Arbeitszeit: 20 Minuten

Sie haben am Wochenende einen Ausflug gemacht und berichten Ihrer Freundin/Ihrem Freund darüber.
- Beschreiben Sie: Was haben Sie gemacht?
- Begründen Sie: Wieso ist der Ausflug empfehlenswert?
- Machen Sie einen Vorschlag für ein Treffen.

Schreiben Sie eine E-Mail (circa 80 Wörter).
Schreiben Sie etwas zu allen drei Punkten.
Achten Sie auf den Textaufbau (Anrede, Einleitung, Reihenfolge der Inhaltspunkte, Schluss).

Aufgabe 2
Arbeitszeit: 25 Minuten

Sie haben im Fernsehen eine Diskussionssendung zum Thema „Werbung für Kinder" gesehen. Im Online-Gästebuch der Sendung finden Sie folgende Meinung:

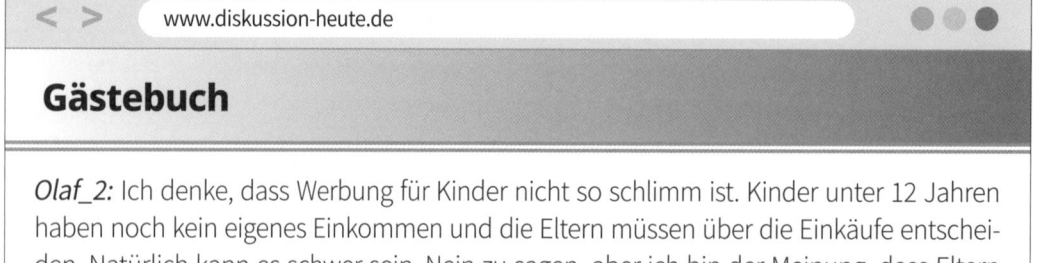

www.diskussion-heute.de

Gästebuch

Olaf_2: Ich denke, dass Werbung für Kinder nicht so schlimm ist. Kinder unter 12 Jahren haben noch kein eigenes Einkommen und die Eltern müssen über die Einkäufe entscheiden. Natürlich kann es schwer sein, Nein zu sagen, aber ich bin der Meinung, dass Eltern das im Griff haben müssen. Zudem finde ich, dass Kinder Werbungen früh kennenlernen müssen, um später nicht in Werbefallen zu tappen. Auch hier spielen die Eltern eine große Rolle. Aber um sicherzugehen, dass alle Kinder den richtigen Umgang mit Werbung lernen, muss dieser Umgang in der Schule unterrichtet werden.

Schreiben Sie nun Ihre Meinung zum Thema (circa 80 Wörter).

Aufgabe 3
Arbeitszeit: 15 Minuten

Sie haben sich für einen Sportkurs angemeldet.
Leider können Sie doch nicht an dem Kurs teilnehmen.

Schreiben Sie eine E-Mail an Ihren Kursleiter, Herrn Rudolf. Entschuldigen Sie sich höflich und fragen Sie, ob sie die Kursgebühr zurückbekommen.

Schreiben Sie eine E-Mail (circa 40 Wörter).
Vergessen Sie nicht die Anrede und den Gruß am Schluss.

Kandidatenblätter

Sprechen
15 Min. für zwei Teilnehmende

Das Modul Sprechen besteht aus drei Teilen.

In **Teil 1** planen Sie etwas gemeinsam mit Ihrem Partner/Ihrer Partnerin
(circa 3 Minuten).
In **Teil 2** präsentieren Sie ein Thema
(circa 3 Minuten). Wählen Sie ein Thema
(Thema 1 oder Thema 2) aus.
In **Teil 3** sprechen Sie über Ihr Thema und das Ihres Partners/Ihrer Partnerin
(circa 2 Minuten).

Ihre Vorbereitungszeit beträgt 15 Minuten.
Sie bereiten sich allein vor.
Sie dürfen sich zu jeder Aufgabe Notizen machen. In der Prüfung sollen Sie frei sprechen.

Hilfsmittel wie z. B. Wörterbücher oder Mobiltelefone sind nicht erlaubt.

Goethe-Zertifikat B1 Sprechen
Modelltest 3 Kandidatenblätter

Teil 1 Gemeinsam etwas planen   Dauer: circa drei Minuten

Sie möchten mit Ihrem Gesprächspartner / Ihrer Gesprächspartnerin einen Sportkurs besuchen, weil Sie sich mehr bewegen möchten. Planen Sie gemeinsam, welchen Sportkurs Sie besuchen.

Sprechen Sie über die Punkte unten, machen Sie Vorschläge und reagieren Sie auf die Vorschläge Ihres Gesprächspartners/Ihrer Gesprächspartnerin.
Planen und entscheiden Sie gemeinsam, was Sie tun möchten.

Sportkurs planen

– *Wann?*

– *Wo teilnehmen? (Uni, Sportzentrum …)*

– *An welchem Sportkurs teilnehmen? (Tennis, Laufen, ….)*

– *Wie oft teilnehmen?*

– *…*

Teil 2 Ein Thema präsentieren   Dauer: circa drei Minuten

Wählen Sie ein Thema (Thema 1 oder Thema 2) aus.

Sie sollen Ihren Zuhörern ein aktuelles Thema präsentieren. Dazu finden Sie hier fünf Folien. Folgen Sie den Anweisungen links und schreiben Sie Ihre Notizen und Ideen rechts daneben.

Thema 1

Stellen Sie Ihr Thema vor. Erklären Sie den Inhalt und die Struktur Ihrer Präsentation.

Berichten Sie von Ihrer Situation oder einem Erlebnis im Zusammenhang mit dem Thema.

Berichten Sie von der Situation in Ihrem Heimatland und geben Sie Beispiele.

Nennen Sie die Vor- und Nachteile und sagen Sie dazu Ihre Meinung. Geben Sie auch Beispiele.

Beenden Sie Ihre Präsentation und bedanken Sie sich bei den Zuhörern.

Teil 2 Ein Thema präsentieren   Dauer: circa drei Minuten

Wählen Sie ein Thema (Thema 1 oder Thema 2) aus.

Sie sollen Ihren Zuhörern ein aktuelles Thema präsentieren. Dazu finden Sie hier fünf Folien. Folgen Sie den Anweisungen links und schreiben Sie Ihre Notizen und Ideen rechts daneben.

Thema 2

Stellen Sie Ihr Thema vor. Erklären Sie den Inhalt und die Struktur Ihrer Präsentation.

Berichten Sie von Ihrer Situation oder einem Erlebnis im Zusammenhang mit dem Thema.

Berichten Sie von der Situation in Ihrem Heimatland und geben Sie Beispiele.

Nennen Sie die Vor- und Nachteile und sagen Sie dazu Ihre Meinung. Geben Sie auch Beispiele.

Beenden Sie Ihre Präsentation und bedanken Sie sich bei den Zuhörern.

Goethe-Zertifikat B1 | **Sprechen**
Modelltest 3 | Kandidatenblätter

Teil 3 Über ein Thema sprechen

Nach Ihrer Präsentation:

Reagieren Sie auf die Rückmeldung und auf Fragen des Gesprächspartners/der Gesprächspartnerin und des Prüfers/der Prüferin.

Nach der Präsentation Ihres Partners/Ihrer Partnerin:

a) Geben Sie eine Rückmeldung zur Präsentation Ihres Partners/Ihrer Partnerin
   (z. B. wie Ihnen die Präsentation gefallen hat, was für Sie neu oder besonders interessant war usw.).
b) Stellen Sie auch eine Frage zur Präsentation Ihres Partners/Ihrer Partnerin.

정답

Lösungen

Modelltest 1

정답 해설   듣기 지문

Lesen

Teil 1

1 Richtig 2 Falsch 3 Falsch 4 Richtig

5 Falsch 6 Richtig

Teil 2

7 c 8 a 9 b 10 a

11 b 12 c

Teil 3

13 d 14 j 15 0 16 c

17 a 18 f 19 g

Teil 4

20 Ja 21 Ja 22 Nein 23 Ja

24 Nein 25 Nein 26 Ja

Teil 5

27 b 28 a 29 b 30 c

Hören

Teil 1

1 Falsch 2 b 3 Richtig 4 a

5 Falsch 6 a 7 Falsch 8 c

9 Richtig 10 b

Teil 2

11 b 12 c 13 a 14 c

15 a

Teil 3

16 Richtig 17 Falsch 18 Falsch 19 Richtig

20 Falsch 21 Richtig 22 Falsch

Teil 4

23 b 24 c 25 c 26 b

27 a 28 c 29 a 30 b

Schreiben

Aufgabe 1 - Beispiellösung

Liebe Anna,

ich habe vor Kurzem einen Online-Deutschkurs ausprobiert. Bei dem Kurs konnte ich mir Videos ansehen und so ganz einfach die Grammatik lernen. Es gab auch die Möglichkeit in einem Chatraum mit anderen Lernenden zu sprechen.
Der Unterricht war sehr lehrreich und ich konnte den Unterricht besuchen, wann und wo ich wollte. Ich habe oft in der U-Bahn gelernt. Und als ich am Wochenende ein bisschen krank war, habe ich einfach im Bett gelernt. Ich denke, du solltest den Kurs auch ausprobieren. Wenn du willst, kann ich dir die Website schicken.

Liebe Grüße
(Vorname) (94 Wörter)

Aufgabe 2 - Beispiellösung

Ich bin der Meinung, dass feste Arbeitszeiten zwar auch Vorteile haben, aber die Nachteile überwiegen. Wenn man zu festen Arbeitszeiten arbeitet, ist es oft schwieriger, Arzttermine zu planen. Man muss auch für wichtige Termine extra Urlaub nehmen. Flexible Arbeitszeiten sind gut für Angestellte, weil sie frei wählen können, wann sie arbeiten. So kann man zum Beispiel an einem guten Tag länger bleiben und früher nach Hause gehen, wenn man sich nicht konzentrieren kann. Daher denke ich, dass flexible Arbeitszeiten besser sind.
(81 Wörter)

Aufgabe 3 - Beispiellösung

Sehr geehrter Herr Hofer,
es tut mir leid, aber ich kann leider nicht zum nächsten Termin des Kurses „Erfolgreich Bewerben" kommen. Meine Tochter hat hohes Fieber und ich muss mich zu Hause um sie kümmern. Ich werde bestimmt zum dritten Termin kommen.

Mit freundlichen Grüßen
(Vorname Nachname) (45 Wörter)

Sprechen

Einführung - Beispiel

Prüfer/-in 1
Herzlich willkommen zum Zertifikat B1. Mein Name ist (Prüfer/-in 1) und das ist mein/-e Kollege / Kollegin (Prüfer/-in 2).

Prüfer/-in 2
Guten Tag.

Prüfer/-in 1
Guten Tag Frau / Herr (Teilnehmende/-r 1). Wie heißen Sie?

Teilnehmende/-r 1
Mein Name ist (Teilnehmende/-r 1).

Prüfer/-in 1
Woher kommen Sie, Frau / Herr (Teilnehmende/-r 1)?

Teilnehmende/-r 1
Ich komme aus …

Prüfer/-in 1
Wie lange lernen Sie schon Deutsch?

Teilnehmende/-r 1
Ich lerne schon seit … Monaten / Jahren Deutsch.

Prüfer/-in 1
Und wie lange sind Sie schon hier in (Ort der Prüfung)?

Teilnehmende/-r 1
Ich bin seit … Wochen / Monaten / Jahren hier.

Prüfer/-in 1
Darf ich fragen: Wie gefällt es Ihnen hier?

Teilnehmende/-r 1
Es gefällt mir hier sehr gut / ganz gut.

Prüfer/-in 1
Sehr schön. Frau / Herr (Teilnehmende/-r 2). Wie heißen Sie?

Teilnehmende/-r 2
Mein Name ist (Teilnehmende/-r 2).

Prüfer/-in 1
Woher kommen Sie, Frau / Herr (Teilnehmende/-r 2)?

Teilnehmende/-r 2
Ich komme aus …

Prüfer/-in 1
Wie lange lernen Sie schon Deutsch?

Teilnehmende/-r 2
Ich lerne schon seit … Monaten / Jahren Deutsch.

Prüfer/-in 1
Und wie lange sind Sie schon hier in (Ort der Prüfung)?

Teilnehmende/-r 2
Ich bin seit … Wochen / Monaten / Jahren hier.

Prüfer/-in 1
Darf ich fragen: Wie gefällt es Ihnen hier?

Teilnehmende/-r 2
Es gefällt mir hier sehr gut / ganz gut.

Prüfer/-in 1
Das ist schön zu hören.

Teil 1 - Beispiellösung

Prüfer/-in 1
Beginnen wir nun mit der Prüfung. Das Modul Sprechen hat drei Teile. Beginnen wir gleich mit dem ersten Teil.
Sie haben zusammen bei einem Wettbewerb teilgenommen und eine zweitägige Reise in die Alpen gewonnen. Planen Sie gemeinsam den Ausflug. Sie haben hier ein paar Notizen. Bitte beginnen Sie nun mit der Planung.

Teilnehmende/-r 1
Kannst du glauben, dass wir diese Reise gewonnen haben? Das ist super!

Teilnehmende/-r 2
Ja, das ist wirklich toll. Ich wollte schon immer einmal in die Alpen reisen. Wann sollen wir in die Alpen fahren?

Teilnehmende/-r 1
Laut Wetterbericht ist das Wetter in zwei Wochen sehr gut. Hast du in zwei Wochen am Wochenende Zeit?

Teilnehmende/-r 2
Ja, das klingt sehr gut. Ich habe an diesem Wochenende Zeit.
Wie kommen wir in die Alpen?

Teilnehmende/-r 1
Es gibt einen Zug von hier aus. Der Zug fährt aber nicht bis auf den Berg. Am Bahnhof müssen wir ein Taxi oder den Bus nehmen.

Teilnehmende/-r 2
Dann müssen wir schon sehr früh losfahren. Wie wäre es, wenn wir um 5 Uhr morgens mit dem Zug fahren?

Teilnehmende/-r 1
Ja, das ist eine gute Idee. Wir können ja im Zug noch etwas schlafen. Wo möchtest du übernachten?

Teilnehmende/-r 2
Hm, ich denke, eine Hütte wäre am besten, dann müssen wir kein Zelt tragen und es ist wärmer.

Teilnehmende/-r 1
Da hast du recht. Eine Hütte wäre am besten.

Teilnehmende/-r 2
Was müssen wir noch vorbereiten?

Teilnehmende/-r 1
Wir werden in den Alpen wandern, also brauchen wir Wanderausrüstung. Ich habe keine Wanderschuhe. Hast du Wanderschuhe?

Teilnehmende/-r 2
Ja, ich habe Wanderschuhe. Meine Schwester hat auch welche. Vielleicht passen sie dir, dann kannst du sie ausleihen.

Teilnehmende/-r 1
Oh, das ist Spitze. Ich habe einen großen Rucksack, den werde ich mitnehmen. Wir sollten auch Snacks vorbereiten.

Teilnehmende/-r 2
Einen Rucksack habe ich auch. Meine Schwester isst auf Wanderungen immer Müsliriegel und Traubenzucker, weil sie ihr schnell Energie geben. Wir sollten auch welche mitnehmen.

Teilnehmende/-r 1
Oh, daran habe ich gar nicht gedacht. Wir brauchen auch noch Wasser. Ich kann ein paar Flaschen kaufen.

Teilnehmende/-r 2
Gut, dann kaufe ich Müsliriegel und Traubenzucker. Und wenn du Zeit hast, solltest du vorbeikommen und die Schuhe anprobieren.

Teilnehmende/-r 1
Oh, ja. Das kann ich morgen machen. Geht das bei dir?

Teilnehmende/-r 2
Ja, das passt super. Dann sprechen wir morgen weiter.

Teilnehmende/-r 1
Ok.

Prüfer/-in 1
Haben Sie an alles gedacht? Dann ist die Planung hiermit beendet. Vielen Dank. Das war auch schon der erste Teil der Prüfung.

Teil 2 und 3 - Beispiellösung

Prüfer/-in 1
Wir kommen nun zu Teil 2 und 3.
In Teil 2 präsentieren Sie ein Thema. Anschließend sprechen wir darüber. Sie haben vor der Prüfung ein Thema ausgewählt und vorbereitet. Bevor Sie beginnen, habe ich noch einen Tipp für Sie: Denken Sie bitte an eine passende Einleitung und einen Schluss. Und bitte versuchen Sie, nicht alles von Ihren Notizen abzulesen. Wer von Ihnen möchte beginnen?

Teilnehmende/-r 1
Ich würde gerne beginnen.

Prüfer/-in 1
Sehr gut.
(Teilnehmende/-r 2), Sie darf ich bitten: Hören Sie gut zu und überlegen Sie sich eine Frage, die Sie stellen wollen, wenn Frau / Herr (Teilnehmende/-r 1) fertig ist.
(Teilnehmende/-r 1), bitte beginnen Sie.

Teilnehmende/-r 1
Heute möchte ich über die Frage „Soll der Eintritt ins Museum gratis sein?" sprechen. Zuerst möchte ich über meine persönliche Erfahrung sprechen. Danach spreche ich über die Rolle von Museen in meinem Heimatland. Zuletzt möchte ich noch über die Vor- und Nachteile von kostenlosen Museen sprechen und meine Meinung präsentieren.

Ich selbst war schon oft in Museen und manchmal war der Eintritt kostenlos. Oft sind Museen für Kinder oder Einheimische gratis oder günstiger. Seit ich erwachsen bin, muss ich immer den vollen Preis bezahlen. Manchmal ist der Preis zu hoch, und dann gehe ich nicht ins Museum.

In meinem Land gibt es viele Museen und Sehenswürdigkeiten, die für Einheimische kostenlos sind, aber für Touristen etwas kosten. Daher sehen sich viele Touristen die Museen in meinem Heimatland nicht an. Das ist sehr schade, weil man in einem Museum viel über die Kultur und die Geschichte des Landes lernen kann. Aber für Einheimische ist es gut, weil sie die Kunst und Kultur ihrer Heimat ohne Kosten besser kennenlernen können.

Hiermit sind wir auch schon bei den Vor- und Nachteilen von kostenlosen Museen. Zum einen ist es positiv, dass man viel Wissen gratis lernen kann. Zum anderen ist es negativ, dass die Museen kein Geld verdienen und sich nicht gut um die Werke kümmern können.

Ich denke, es ist eine gute Idee, Museen auch für Jugendliche und Studenten gratis zu machen. Wenn man Geld verdient, sollte man einen Eintritt ins Museum bezahlen. Dann kann das Museum auch besser arbeiten. Das ist das Ende meiner Präsentation. Haben Sie noch Fragen?

Prüfer/-in 1
Vielen Dank.
Frau / Herr (Teilnehmende/-r 2), darf ich Sie jetzt bitten: Geben Sie Frau / Herr (Teilnehmende/-r 1) eine Rückmeldung darüber, wie Ihnen die Präsentation gefallen hat. Und bitte stellen Sie auch eine Frage.

Teilnehmende/-r 2
Mir hat der Vortrag sehr gut gefallen. Vielen Dank. Ich habe noch eine Frage: Wie viel kostet ein Museumsbesuch in Ihrem Heimatland durchschnittlich?

Teilnehmende/-r 1
Hm, ich weiß es nicht genau. Es ist sehr unterschiedlich. Aber ich denke, im Durchschnitt kostet ein Museumsbesuch zwischen 5 und 10 Euro. Aber es gibt auch Museen, die mehr als 30 Euro kosten.

Prüfer/-in 1
Mein/-e Kollege / Kollegin hat auch noch eine Frage an Sie.

Prüfer/-in 2
Meine Frage ist: Haben Sie als Kind das kostenlose Angebot von Museen viel genutzt?

Teilnehmende/-r 1
Ja. Ich war als Kind sehr oft im Museum. Vor allem in meiner Schulzeit war ich oft im Museum. Es hat mir immer viel Spaß gemacht.

Prüfer/-in 1
Vielen Dank.
(Teilnehmende/-r 2), kommen wir nun zu Ihrer Präsentation. Und nun bitte ich Sie, (Teilnehmende/-r 1): Hören Sie gut zu und überlegen Sie sich eine Frage, die Sie stellen wollen.
(Teilnehmende/-r 2), bitte beginnen Sie.

Teilnehmende/-r 2
Mein Thema ist gesunde Ernährung. Ich spreche heute über die Frage „Essen wir zu viel Salz?". Zuerst möchte ich über meine persönliche Erfahrung sprechen. Danach spreche ich über die Rolle von Salz in meinem Heimatland. Am Schluss möchte ich noch über die Vor- und Nachteile von Salz sprechen und meine Meinung präsentieren.
Ich selbst achte nicht darauf, wie viel Salz ich esse. Ich bin gesund und ich ernähre mich relativ normal. Aber ich habe schon oft gehört, dass Salz und Zucker nicht gut für den Körper sind. Manchmal lese ich auch die Rückseite der Verpackungen und bin überrascht, wie viel Salz in vielen Produkten enthalten ist.
In meiner Heimat wird viel mit Salz gekocht und immer mehr Menschen essen fast täglich Fastfood. In Fastfood ist sehr viel Salz enthalten, das ist einer der Gründe, warum Fastfood ungesund ist. Früher war es sehr wichtig, zu Hause zu kochen, aber heutzutage hat niemand mehr Zeit zum Kochen.
Ich denke, dass Salz sehr gut schmeckt und Gerichte mit Salz sind auch länger haltbar. Ein weiterer wichtiger Punkt ist, dass unser Körper Salz braucht. Aber Salz hat auch viele Nachteile, vor allem wenn man zu viel Salz isst. Zu viel Salz ist nicht gut für den Körper und es macht uns krank. Zudem wird man nicht satt, wenn man zu viel Salz ist. Daher werden auch viele Menschen übergewichtig.
Meiner Meinung nach essen die meisten Menschen zu viel Salz. Deshalb bin ich der Meinung, dass Restaurants und Fastfood-Ketten weniger Salz verwenden sollten.
Nun bin ich am Ende meiner Präsentation. Vielen Dank für Ihre Aufmerksamkeit. Haben Sie noch Fragen?

Prüfer/-in 1
Ich danke Ihnen. Frau / Herr (Teilnehmende/-r 1), geben Sie nun bitte auch eine Rückmeldung darüber, wie Ihnen die Präsentation gefallen hat. Und stellen Sie dann noch eine Frage.

Teilnehmende/-r 1
Die Präsentation war sehr gut. Meine Frage ist: Wieso haben die Menschen in deinem Heimatland keine Zeit zu kochen?

Teilnehmende/-r 2
Es gibt viele verschiedene Gründe, aber ein Grund ist die Arbeit. Viele Menschen müssen bis sehr spät arbeiten, daher können sie nicht einkaufen und nicht kochen.

Prüfer/-in 1
Mein/-e Kollege / Kollegin hat auch noch eine Frage an Sie.

Prüfer/-in 2
Werden Sie in Zukunft darauf achten, wie viel Salz Sie essen?

Teilnehmende/-r 2
Nein, ich denke nicht, dass ich das machen werde. Ich weiß, dass zu viel Salz nicht gut ist, aber wenn ich viel koche, muss ich nicht extra darauf achten. Ich denke, das ist besser.

Prüfer/-in 1
Danke schön.
Wir sind am Ende der Prüfung angekommen. Wir bedanken uns bei Ihnen und verabschieden uns hiermit. Auf Wiedersehen.

Prüfer/-in 2
Auf Wiedersehen.

Memo

Modelltest 2

정답 해설 듣기 지문

Lesen

Teil 1

1 Falsch   2 Falsch   3 Richtig   4 Richtig

5 Richtig 6 Falsch

Teil 2

7 c   8 b   9 a   10 a

11 c   12 a

Teil 3

13 e   14 d   15 a   16 h

17 0   18 b   19 f

Teil 4

20 Ja   21 Nein   22 Nein   23 Ja

24 Nein   25 Ja   26 Ja

Teil 5

27 c   28 b   29 a   30 c

Hören

Teil 1

1 Richtig   2 b   3 Falsch   4 b

5 Falsch   6 c   7 Richtig   8 a

9 Richtig   10 c

Teil 2

11 c   12 b   13 b   14 a

15 c

Teil 3

16 Falsch   17 Falsch   18 Richtig   19 Falsch

20 Richtig 21 Falsch   22 Richtig

Teil 4

23 b   24 c   25 b   26 b

27 a   28 a   29 c   30 c

Schreiben

Aufgabe 1 - Beispiellösung

Lieber Armin,

geht es dir schon besser? Wir haben dich am Wochenende sehr vermisst. Die Feier war sehr schön. Wir haben Pizza bestellt, viel Wein getrunken und ein Brettspiel gespielt, das ich von Hannah bekommen habe. Sie hat auch Tiramisu mitgebracht. Das war sehr lecker. Ich hoffe, du kannst es auch einmal probieren. Ich habe noch den Rest im Kühlschrank. Möchtest du am Freitag zu mir Kaffee trinken kommen? Dann können wir Tiramisu essen und plaudern.

Alles Liebe
(Vorname) (80 Wörter)

Aufgabe 2 - Beispiellösung

Ich denke, dass Freundschaften im Internet ein wichtiger Teil meines Lebens geworden sind. Ich bin als Erwachsene ins Ausland gegangen und es war schwer, neue Freunde zu finden. Im Internet kann man Freunde mit ähnlichen Interessen finden und man kann sich über gemeinsame Hobbys unterhalten. Aber man muss auch vorsichtig sein. Man sollte im Internet seine privaten Daten nicht preisgeben, weil man die Absichten der anderen Person nicht gut einschätzen kann. Daher benutze ich immer nur einen Spitznamen im Internet und nenne nie meine Adresse oder Telefonnummer.
(86 Wörter)

Aufgabe 3 - Beispiellösung

Sehr geehrte Frau Sommer,

es tut mir leid, aber ich kann den Termin am Freitag leider nicht wahrnehmen. Meine Mutter wird am Freitag operiert und ich muss sie ins Krankenhaus bringen. Können wir bitte den Termin auf nächste Woche Donnerstag um 11 Uhr verschieben?

mit freundlichen Grüßen
(Vorname Nachname) (46 Wörter)

Sprechen

Einführung - Beispiel

Prüfer/-in 1
Herzlich willkommen zum Zertifikat B1. Mein Name ist (Prüfer/-in 1) und das ist mein/-e Kollege / Kollegin (Prüfer/-in 2).

Prüfer/-in 2
Guten Tag.

Prüfer/-in 1
Guten Tag Frau / Herr (Teilnehmende/-r 1). Wie heißen Sie?

Teilnehmende/-r 1
Mein Name ist (Teilnehmende/-r 1).

Prüfer/-in 1
Woher kommen Sie, Frau / Herr (Teilnehmende/-r 1)?

Teilnehmende/-r 1
Ich komme aus …

Prüfer/-in 1
Wie lange lernen Sie schon Deutsch?

Teilnehmende/-r 1
Ich lerne schon seit … Monaten / Jahren Deutsch.

Prüfer/-in 1
Und wie lange sind Sie schon hier in (Ort der Prüfung)?

Teilnehmende/-r 1
Ich bin seit … Wochen / Monaten / Jahren hier.

Prüfer/-in 1
Darf ich fragen: Wie gefällt es Ihnen hier?

Teilnehmende/-r 1
Es gefällt mir hier sehr gut / ganz gut.

Prüfer/-in 1
Sehr schön. Frau / Herr (Teilnehmende/-r 2). Wie heißen Sie?

Teilnehmende/-r 2
Mein Name ist (Teilnehmende/-r 2).

Prüfer/-in 1
Woher kommen Sie, Frau / Herr (Teilnehmende/-r 2)?

Teilnehmende/-r 2
Ich komme aus …

Prüfer/-in 1
Wie lange lernen Sie schon Deutsch?

Teilnehmende/-r 2
Ich lerne schon seit … Monaten / Jahren Deutsch.

Prüfer/-in 1
Und wie lange sind Sie schon hier in (Ort der Prüfung)?

Teilnehmende/-r 2
Ich bin seit … Wochen / Monaten / Jahren hier.

Prüfer/-in 1
Darf ich fragen: Wie gefällt es Ihnen hier?

Teilnehmende/-r 2
Es gefällt mir hier sehr gut / ganz gut.

Prüfer/-in 1
Das ist schön zu hören.

Teil 1 - Beispiellösung

Prüfer/-in 1
Beginnen wir nun mit der Prüfung. Das Modul Sprechen hat drei Teile. Beginnen wir gleich mit dem ersten Teil.
Ihre Kollegin aus der Sprachschule, Mia, hat bald Geburtstag und Sie möchten eine Überraschungsparty für sie vorbereiten. Planen Sie gemeinsam eine Party und ein Geschenk für Mia. Sie haben hier ein paar Notizen. Bitte beginnen Sie nun mit der Planung.

Teilnehmende/-r 1
Hey, weißt du, dass Mia bald Geburtstag hat?

Teilnehmende/-r 2
Oh, wirklich? Wir sollten eine Party für sie veranstalten. Wie wäre es mit einer Überraschungsparty in der Sprachschule?

Teilnehmende/-r 1
Oh, das ist eine tolle Idee. Wir können die Party am Freitag nach dem Unterricht um 15 Uhr machen. Hast du am Freitag Zeit?

Teilnehmende/-r 2
Ja, ich habe am Freitag Zeit. Ich denke, wir müssen auch die Lehrerin und die anderen aus dem Kurs fragen.

Teilnehmende/-r 1
Ja, du hast recht. Ich kann unsere Mitschüler fragen, ob sie mitmachen wollen. Kannst du mit der Lehrerin sprechen?

Teilnehmende/-r 2
Ja, kann ich machen. Wir sollten auch einen Kuchen und ein Geschenk kaufen.

Teilnehmende/-r 1
Ich kann einen Kuchen backen und mitbringen. Ich kann eine leckere Apfeltorte machen. Was hältst du davon?

Teilnehmende/-r 2
Ja, sehr gut. Hast du auch eine Idee für ein Geschenk?

Teilnehmende/-r 1
Hm, wie wäre es mit einem deutschen Buch? Ich habe gehört, dass Mia gern liest.

Teilnehmende/-r 2
Oh ja. Das ist eine Spitzenidee. Wie wäre es, wenn wir ihr auch Blumen schenken?

Teilnehmende/-r 1
Hm, ich weiß nicht. Mia mag Blumen nicht so gern. Aber wir könnten ihr stattdessen eine Zimmerpflanze schenken. Wie findest du das?

Teilnehmende/-r 2
Hm. Wenn du denkst, dass ihr das besser gefällt, bin ich einverstanden. Was müssen wir sonst noch vorbereiten?

Teilnehmende/-r 1
Vielleicht brauchen wir noch Getränke und etwas mehr zu Essen. Wenn wir nur einen Kuchen haben, kann das zu wenig sein…

Teilnehmende/-r 2
Ja, stimmt. Wir können Cola und andere Softdrinks kaufen. Und zum Essen einfach noch ein paar Snacks.

Teilnehmende/-r 1
Ja, ich denke, das ist eine gute Idee.

Teilnehmende/-r 2
Ok. Dann können wir vor dem Kurs am Freitag einkaufen. Ich frage die Lehrerin, ob wir alles im Lehrerzimmer lagern dürfen, damit Mia nichts sieht.

Teilnehmende/-r 1
Gut! Ich freue mich schon auf die Party!

Teilnehmende/-r 2
Ich auch.

Prüfer/-in 1
Haben Sie an alles gedacht? Dann ist die Planung hiermit beendet. Vielen Dank. Das war auch schon der erste Teil der Prüfung.

Teil 2 und 3 - Beispiellösung

Prüfer/-in 1
Wir kommen nun zu Teil 2 und 3.
In Teil 2 präsentieren Sie ein Thema. Anschließend sprechen wir darüber. Sie haben vor der Prüfung ein Thema ausgewählt und vorbereitet. Bevor Sie beginnen, habe ich noch einen Tipp für Sie: Denken Sie bitte an eine passende Einleitung und einen Schluss. Und bitte versuchen Sie, nicht alles von Ihren Notizen abzulesen. Wer von Ihnen möchte beginnen?

Teilnehmende/-r 1
Ich würde gerne beginnen.

Prüfer/-in 1
Sehr gut.
(Teilnehmende/-r 2), Sie darf ich bitten: Hören Sie gut zu und überlegen Sie sich eine Frage, die Sie stellen wollen, wenn Frau / Herr (Teilnehmende/-r 1) fertig ist.
(Teilnehmende/-r 1), bitte beginnen Sie.

Teilnehmende/-r 1
Ich spreche heute über das Thema „Auslandsaufenthalt - ja oder nein?". Zuerst spreche ich über meine persönliche Erfahrung. Danach werde ich die Rolle von Fremdsprachen in meinem Heimatland vorstellen. Zuletzt möchte ich noch über die Vor- und Nachteile eines Auslandsaufenthalts sprechen und meine Meinung präsentieren.
Ich bin schon oft in fremde Länder gereist, aber bis jetzt konnte ich noch nicht für längere Zeit im Ausland bleiben. Ich möchte aber in Deutschland ein Auslandssemester machen, weil ich besser Deutsch sprechen möchte. Das bringt mich zum nächsten Punkt in meiner Präsentation. In meinem Heimatland sind Fremdsprachen sehr wichtig, wenn man einen guten Beruf finden möchte. In meinem Heimatland gibt es viele ausländische Firmen. Um bei diesen Firmen zu arbeiten, muss man Englisch und noch eine weitere Fremdsprache beherrschen. Daher lernen viele Studenten neben ihrem Hauptfach noch eine weitere Sprache.
Der größte Vorteil eines Auslandsaufenthalts ist das Sprachenlernen. Wenn man im Ausland mit Muttersprachlern spricht, kann man die Sprache viel schneller und besser lernen als in der Heimat. Zudem kann man auch die Kultur und viele interessante Menschen kennenlernen. Ein Nachteil eines Auslandsaufenthalts ist, dass es viel Geld kostet. Selbst wenn man ein Stipendium bekommt, kann es teuer sein, im Ausland zu leben. Des Weiteren verlängert sich durch einen Auslandsaufenthalt meistens die Studienzeit und man kann erst später beginnen, zu arbeiten.
Dennoch denke ich, dass ein Auslandsaufenthalt gut ist und man viel dabei lernen kann. Ich hoffe, ich kann auch bald länger ins Ausland gehen.

Prüfer/-in 1
Vielen Dank.
Frau / Herr (Teilnehmende/-r 2), darf ich Sie jetzt bitten: Geben Sie Frau / Herr (Teilnehmende/-r 1) eine Rückmeldung darüber, wie Ihnen die Präsentation gefallen hat. Und bitte stellen Sie auch eine Frage.

Teilnehmende/-r 2
Die Präsentation war sehr gut! Ich möchte gerne wissen, wieso Sie Deutsch lernen?

Teilnehmende/-r 1
Ich studiere Maschinenbautechnik und in diesem Gebiet sind die Deutschen sehr gut. Deswegen möchte ich später in einer deutschen Firma arbeiten.

Prüfer/-in 1
Mein/-e Kollege / Kollegin hat auch noch eine Frage an Sie.

Prüfer/-in 2
Welche Fremdsprachen sind denn noch beliebt in Ihrem Heimatland?

Teilnehmende/-r 1
Ich denke, Französisch, Spanisch und Arabisch sind auch sehr beliebte Fremdsprachen in meinem Heimatland. Aber es gibt auch viele, die Russisch, Italienisch, Chinesisch oder Japanisch lernen.

Prüfer/-in 1
Vielen Dank.
(Teilnehmende/-r 2), kommen wir nun zu Ihrer Präsentation. Und nun bitte ich Sie, (Teilnehmende/-r 1): Hören Sie gut zu und überlegen Sie sich eine Frage, die Sie stellen wollen.
(Teilnehmende/-r 2), bitte beginnen Sie.

Teilnehmende/-r 2
Vielen Dank. Ich spreche heute über das Thema „Haustiere - ja oder nein?". Zuerst spreche ich über meine persönliche Erfahrung mit Haustieren. Danach werde ich die Rolle von Haustieren in meinem Heimatland erklären sowie Vor- und Nachteile von Haustieren besprechen. Zum Abschluss werde ich meine Meinung noch einmal zusammenfassen.
Ich bin mit einer Katze aufgewachsen. Als ich von zu Hause ausgezogen bin, haben meine Eltern sich um die Katze gekümmert. Leider ist meine Katze letztes Jahr gestorben. Aber ich habe sehr viel Zeit mit der Katze verbracht und sie war ein wichtiges Mitglied unserer Familie.
In meinem Heimatland haben viele Menschen Haustiere. Die beliebtesten Haustiere sind Katzen und Hunde. Aber auch Meerschweinchen und Hamster sind sehr beliebt. In meinem Heimatland werden Haustiere als Teil der Familie gesehen und werden sehr gut behandelt. Es gibt auch Gesetze, die Haustiere schützen und man kann die Tiere auch versichern lassen. Also Haustiere spielen eine sehr wichtige Rolle in meinem Heimatland.
Haustiere haben auch sehr viele Vorteile. Zum Beispiel können Kinder mit Haustieren lernen, Verantwortung zu übernehmen. Zudem können sich Kinder mit den Tieren sehr gut entspannen. Ein Nachteil ist, dass Haustiere viel Geld und Zeit in Anspruch nehmen. Mit einem Hund, zum Beispiel, muss man jeden Tag spazieren gehen, ihn füttern, waschen und regelmäßig zum Tierarzt gehen. Diese Faktoren muss man berücksichtigen, wenn man sich ein Haustier zulegen möchte.
Aber solange man genug Geld und Zeit hat, sollte man sich ein Haustier besorgen. Ich bin der Meinung, dass Haustiere mehr Vorteile als Nachteile haben. Vielen Dank für Ihre Aufmerksamkeit. Haben Sie noch Fragen?

Prüfer/-in 1
Ich danke Ihnen. Frau / Herr (Teilnehmende/-r 1), geben Sie nun bitte auch eine Rückmeldung darüber, wie Ihnen die Präsentation gefallen hat. Und stellen Sie dann noch eine Frage.

Teilnehmende/-r 1
Die Präsentation hat mir sehr gut gefallen. Ich wusste gar nicht, dass man Haustiere versichern kann. Ich habe noch eine Frage an Sie. Haben Sie sich als Kind alleine um die Katze gekümmert?

Teilnehmende/-r 2
Nein, ich habe mich nicht alleine um die Katze gekümmert. Aber ich habe der Katze zum Beispiel immer zu Mittag das Fressen gegeben, wenn ich von der Schule nach Hause gekommen bin. Und ich habe manchmal auch das Katzenklo geputzt.

Prüfer/-in 1
Mein/-e Kollege / Kollegin hat auch noch eine Frage an Sie.

Prüfer/-in 2
Welches Haustier würden Sie denn empfehlen?

Teilnehmende/-r 2
Ich würde auf jeden Fall eine Katze empfehlen. Aber wenn man nicht genug Platz oder Zeit für eine Katze hat, dann ist vielleicht ein Hamster besser. Wenn man eine Allergie hat, kann man auch eine Schlange halten.

Prüfer/-in 1
Danke schön.
Wir sind am Ende der Prüfung angekommen. Wir bedanken uns bei Ihnen und verabschieden uns hiermit. Auf Wiedersehen.

Prüfer/-in 2
Auf Wiedersehen.

Memo

Modelltest 3

정답 해설   듣기 지문

Lesen

Teil 1

1 Falsch   2 Richtig   3 Richtig   4 Falsch
5 Richtig   6 Falsch

Teil 2

7 b   8 c   9 a   10 b
11 c   12 a

Teil 3

13 c   14 e   15 b   16 j
17 f   18 0   19 h

Teil 4

20 Nein   21 Ja   22 Ja   23 Nein
24 Ja   25 Ja   26 Nein

Teil 5

27 a   28 b   29 c   30 b

Hören

Teil 1

1 Falsch   2 c   3 Falsch   4 c
5 Richtig   6 a   7 Richtig   8 a
9 Falsch   10 b

Teil 2

11 a   12 c   13 b   14 b
15 a

Teil 3

16 Falsch   17 Richtig   18 Falsch   19 Richtig
20 Richtig   21 Falsch   22 Falsch

Teil 4

23 c   24 a   25 b   26 a
27 b   28 c   29 c   30 b

Schreiben

Aufgabe 1 - Beispiellösung

Hallo Sofie,

wie geht es dir? Ich war am Wochenende mit meiner Familie bei den Triberger Wasserfällen wandern. Die Wasserfälle liegen im Wald, aber man kann ganz einfach über gut ausgebaute Wege näher an die Wasserfälle kommen. Vor allem von der Brücke hat man eine tolle Aussicht. Die Wasserfälle haben der ganzen Familie gefallen und ich möchte noch einmal dorthin fahren. Angeblich sind die Wasserfälle in der Nacht beleuchtet. Willst du nächste Woche mit mir noch einmal zu den Wasserfällen fahren?

Gib mir Bescheid.

Bis bald!
(Vorname) (87 Wörter)

Aufgabe 2 - Beispiellösung

Ich denke, dass Werbung für Kinder verboten werden muss. Kinder können noch nicht gut zwischen Realität und Werbung unterscheiden. Vor allem Werbungen für ungesundes Essen und Süßigkeiten müssen verboten werden. Kinder müssen zuerst lernen, was gesund ist. Außerdem müssen sie lernen, was Werbungen sind und wieso sie nicht alles in den Werbungen glauben sollten. Meiner Meinung nach sollte man den Kindern genügend Zeit geben, diese Dinge zu lernen. Und dann sollte man sie langsam an die Werbung gewöhnen, damit sie nicht überfordert werden.
(83 Wörter)

Aufgabe 3 - Beispiellösung

Sehr geehrter Herr Rudolf,

leider kann ich nicht an dem Tenniskurs teilnehmen, für den ich mich letzte Woche angemeldet habe, weil ich mich an der Schulter verletzt habe. Ich würde gerne wissen, ob es möglich wäre, die Kursgebühr zurückzubekommen.

Vielen Dank im Voraus!

Herzliche Grüße
(Vorname Nachname) (45 Wörter)

Sprechen

Einführung - Beispiel

Prüfer/-in 1
Herzlich willkommen zum Zertifikat B1. Mein Name ist (Prüfer/-in 1) und das ist mein/-e Kollege / Kollegin (Prüfer/-in 2).

Prüfer/-in 2
Guten Tag.

Prüfer/-in 1
Guten Tag Frau / Herr (Teilnehmende/-r 1). Wie heißen Sie?

Teilnehmende/-r 1
Mein Name ist (Teilnehmende/-r 1).

Prüfer/-in 1
Woher kommen Sie, Frau / Herr (Teilnehmende/-r 1)?

Teilnehmende/-r 1
Ich komme aus …

Prüfer/-in 1
Wie lange lernen Sie schon Deutsch?

Teilnehmende/-r 1
Ich lerne schon seit … Monaten / Jahren Deutsch.

Prüfer/-in 1
Und wie lange sind Sie schon hier in (Ort der Prüfung)?

Teilnehmende/-r 1
Ich bin seit … Wochen / Monaten / Jahren hier.

Prüfer/-in 1
Darf ich fragen: Wie gefällt es Ihnen hier?

Teilnehmende/-r 1
Es gefällt mir hier sehr gut / ganz gut.

Prüfer/-in 1
Sehr schön. Frau / Herr (Teilnehmende/-r 2). Wie heißen Sie?

Teilnehmende/-r 2
Mein Name ist (Teilnehmende/-r 2).

Prüfer/-in 1
Woher kommen Sie, Frau / Herr (Teilnehmende/-r 2)?

Teilnehmende/-r 2
Ich komme aus …

Prüfer/-in 1
Wie lange lernen Sie schon Deutsch?

Teilnehmende/-r 2
Ich lerne schon seit … Monaten / Jahren Deutsch.

Prüfer/-in 1
Und wie lange sind Sie schon hier in (Ort der Prüfung)?

Teilnehmende/-r 2
Ich bin seit … Wochen / Monaten / Jahren hier.

Prüfer/-in 1
Darf ich fragen: Wie gefällt es Ihnen hier?

Teilnehmende/-r 2
Es gefällt mir hier sehr gut / ganz gut.

Prüfer/-in 1
Das ist schön zu hören.

Teil 1 - Beispiellösung

Prüfer/-in 1
Beginnen wir nun mit der Prüfung. Das Modul Sprechen hat drei Teile. Beginnen wir gleich mit dem ersten Teil.
Sie möchten mit Ihrem Gesprächspartner / Ihrer Gesprächspartnerin einen Sportkurs besuchen, weil Sie sich mehr bewegen möchten. Planen Sie gemeinsam, welchen Sportkurs Sie besuchen.
Sie haben hier ein paar Notizen. Bitte beginnen Sie nun mit der Planung.

Teilnehmende/-r 1
Ich habe in letzter Zeit gar keinen Sport gemacht. Willst du mit mir ein bisschen Sport machen?

Teilnehmende/-r 2
Ja, ich habe mich auch kaum bewegt. Wir sollten einen Sportkurs machen.

Teilnehmende/-r 1
Du hast recht. Wann hast du Zeit?

Teilnehmende/-r 2
Ich habe immer dienstag- und donnerstagabends Zeit. Und du?

Teilnehmende/-r 1
Ich habe auch am Donnerstag Zeit. Dann sollten wir am Donnerstag einen Kurs besuchen. Wo können wir an einem Kurs teilnehmen?

Teilnehmende/-r 2
In der Nähe gibt es ein Sportzentrum. Dort gibt es viele günstige Kurse.

Teilnehmende/-r 1
Oh. Sehr gut. Gibt es auch einen Basketballkurs? Ich möchte gerne Basketball lernen.

Teilnehmende/-r 2
Hm, nein. Ich denke nicht, dass es Basketball gibt. Aber sie haben Fußball oder Tennis. Wie wäre es mit Tennis?

Teilnehmende/-r 1
Hm, ich weiß nicht. Welche Kurse gibt es noch am Donnerstag?

Teilnehmende/-r 2
Es gibt Taekwondo und Judo oder Ballett. Es gibt auch einen Laufkurs.

Teilnehmende/-r 1
Oh, Ballett klingt toll.

Teilnehmende/-r 2
Ich kann nicht gut tanzen. Ich möchte lieber Taekwondo lernen.

Teilnehmende/-r 1
Ja, wenn du möchtest, können wir Taekwondo lernen. Denkst du, dass einmal in der Woche genug ist?

Teilnehmende/-r 2
Ich denke, für den Anfang ist es in Ordnung. Wir können ja später, wenn wir besser sind, öfter gehen. Was hältst du davon?

Teilnehmende/-r 1
Ja, das ist eine gute Idee. Sollen wir uns erst mal für einen Monat anmelden?

Teilnehmende/-r 2
Wie wäre es, wenn wir uns gleich für drei Monate anmelden? Dann können wir mehr lernen.

Teilnehmende/-r 1
Ja, drei Monate sind auch in Ordnung. Sollen wir uns sofort anmelden?

Teilnehmende/-r 2
Ja, je früher desto besser. Ich schicke dir den Link zur Homepage.

Teilnehmende/-r 1
Danke. Dann sehen wir uns am Donnerstag für die erste Stunde.

Teilnehmende/-r 2
Perfekt. Bis Donnerstag.

Prüfer/-in 1
Haben Sie an alles gedacht? Dann ist die Planung hiermit beendet. Vielen Dank. Das war auch schon der erste Teil der Prüfung.

Teil 2 und 3 - Beispiellösung

Prüfer/-in 1
Wir kommen nun zu Teil 2 und 3.
In Teil 2 präsentieren Sie ein Thema. Anschließend sprechen wir darüber. Sie haben vor der Prüfung ein Thema ausgewählt und vorbereitet. Bevor Sie beginnen, habe ich noch einen Tipp für Sie: Denken Sie bitte an eine passende Einleitung und einen Schluss. Und bitte versuchen Sie, nicht alles von Ihren Notizen abzulesen. Wer von Ihnen möchte beginnen?

Teilnehmende/-r 1
Ich würde gerne beginnen.

Prüfer/-in 1
Sehr gut.
(Teilnehmende/-r 2), Sie darf ich bitten: Hören Sie gut zu und überlegen Sie sich eine Frage, die Sie stellen wollen, wenn Frau / Herr (Teilnehmende/-r 1) fertig ist.
(Teilnehmende/-r 1), bitte beginnen Sie.

Teilnehmende/-r 1
Ich spreche über das Thema „Onlineshopping". Zuerst spreche ich über meine persönliche Erfahrung mit dem Einkaufen im Internet. Danach werde ich über die Rolle von Onlineshopping in meinem Heimatland sprechen. Im nächsten Punkt spreche ich über die Vor- und Nachteile von Onlineshopping und zum Schluss werde ich noch meine Meinung präsentieren.

Wie viele meiner Freunde kaufe ich fast ausschließlich online ein. Ich bestelle alles, von Lebensmittel zu Kleidung und Elektronik. Wenn mir etwas nicht passt oder nicht gefällt, schicke ich es einfach zurück. Ich weiß, dass Onlineshopping nicht sehr gut für die Umwelt ist, aber ich habe keine Zeit einkaufen zu gehen.
In meinem Heimatland ist Onlineshopping sehr weit verbreitet. Selbst der kleine Supermarkt in der Nähe meines Hauses hat eine Website, auf der man Lebensmittel bestellen kann. Die Lebensmittel werden meist innerhalb weniger Stunden geliefert. Viele Websites bieten Lieferungen am gleichen Tag an und selbst wenn die Lieferung nicht am gleichen Tag kommt, dauert es höchstens 3 Tage. Für Arbeitende ist dieser Service sehr wichtig und praktisch. Ein weiterer Vorteil ist, dass Onlineshopping auch günstiger ist, als im Geschäft einzukaufen. Man hat zudem auch länger Zeit, sich für oder gegen ein Produkt zu entscheiden.
Ein Nachteil von Onlineshopping ist, dass die vielen Lieferungen und Verpackungen schlecht für die Umwelt sind. Es wird viel Plastik gebraucht, das man im Geschäft nicht braucht. Zudem entstehen oft Kosten, wenn man etwas zurücksenden muss. Wenn man im Geschäft ein Kleidungsstück anprobiert, weiß man sofort, ob es passt oder nicht. Beim Onlineshopping ist das anders.
Meiner Meinung nach ist Onlineshopping nicht schlecht, aber man sollte nicht zu viel bestellen. Außerdem sollte man versuchen, alles bei einem Geschäft zu kaufen, damit nicht so viele Pakete entstehen. Vielen Dank für Ihre Aufmerksamkeit.

Prüfer/-in 1
Vielen Dank.
Frau / Herr (Teilnehmende/-r 2), darf ich Sie jetzt bitten: Geben Sie Frau / Herr (Teilnehmende/-r 1) eine Rückmeldung darüber, wie Ihnen die Präsentation gefallen hat. Und bitte stellen Sie auch eine Frage.

Teilnehmende/-r 2
Die Präsentation war sehr gut. Meine Frage ist: Wie oft bestellen Sie Kleidung online?

Teilnehmende/-r 1
Ich bestelle circa einmal im Monat Kleidung. Ich bestelle meistens nur bei einem Geschäft, aber manchmal sind es mehrere Geschäfte. Ich versuche, es zu reduzieren.

Prüfer/-in 1
Mein/-e Kollege / Kollegin hat auch noch eine Frage an Sie.

Prüfer/-in 2
Wie könnte man das Onlineshopping umweltfreundlicher machen?

Teilnehmende/-r 1
Ich denke, wenn man weniger Verpackungen verwendet, oder alle Produkte von dem gleichen Geschäft kauft, kann Onlineshopping umweltfreundlicher sein. Der Supermarkt in meiner Nähe verwendet nur die normale Verpackung aus dem Supermarkt und eine wiederverwendbare Box. Das funktioniert sehr gut.

Prüfer/-in 1
Vielen Dank.
(Teilnehmende/-r 2), kommen wir nun zu Ihrer Präsentation. Und nun bitte ich Sie, (Teilnehmende/-r 1): Hören Sie gut zu und überlegen Sie sich eine Frage, die Sie stellen wollen.
(Teilnehmende/-r 2), bitte beginnen Sie.

Teilnehmende/-r 2
Ich spreche heute über die Frage „Soll jeder studieren?" und die Wichtigkeit des Studiums. Ich werde mit meiner persönlichen Erfahrung beginnen. Dann spreche ich kurz über die Rolle eines Studienabschlusses in meinem Heimatland und über die Vor- und Nachteile eines Studiums. Zum Schluss werde ich noch meine Meinung präsentieren.

Ich studiere derzeit an einer Hochschule und für mich war die Frage, ob ich studieren sollte oder nicht, sehr leicht zu beantworten. Ich möchte in der IT-Branche arbeiten und ohne Studium ist das sehr schwierig. Aber für manche meiner Freunde war die Frage schwieriger zu beantworten. Viele meiner Mitschüler haben ihr Studium abgebrochen und einen Beruf gelernt. Ich denke nicht, dass das schlecht ist. Aber in meinem Heimatland kann man ohne Studienabschluss nicht sehr viel verdienen. Um gut zu verdienen, braucht man sogar einen Master-Abschluss. Natürlich kann man auch ohne Master überleben, aber man kann sich zum Beispiel kein Haus leisten.

Weitere Vorteile von einem Studienabschluss sind die Möglichkeiten, die man nach einem Studium hat. Es gibt viele Berufe, die man erst nach einem Studium machen kann. Außerdem kann man auch wichtige Dinge für das Leben während des Studiums lernen. Man kann wichtige Erfahrungen sammeln, um später besser leben zu können.

Der einzige Nachteil eines Studiums sind die Kosten. In manchen Ländern sind die Studiengebühren sehr hoch und die Studierenden müssen einen Kredit aufnehmen. Zudem ist es schwierig, während des Studiums Geld zu verdienen. Aber ich bin der Meinung, dass jeder, der studieren möchte, studieren können sollte. Denn ein Studium bereichert das Leben.

Prüfer/-in 1
Ich danke Ihnen. Frau / Herr (Teilnehmende/-r 1), geben Sie nun bitte auch eine Rückmeldung darüber, wie Ihnen die Präsentation gefallen hat. Und stellen Sie dann noch eine Frage.

Teilnehmende/-r 1
Das war eine sehr interessante Präsentation. Sind in Ihrem Heimatland die Studiengebühren auch sehr hoch?

Teilnehmende/-r 2
Nein, in meinem Heimatland sind die Studiengebühren nicht sehr hoch, aber es gibt Studiengebühren. Pro Semester zahlt man etwa 1000 Euro. Ich finde, dass das ein guter Preis ist.

Prüfer/-in 1
Mein/-e Kollege / Kollegin hat auch noch eine Frage an Sie.

Prüfer/-in 2
Wie bezahlen Sie Ihre Studiengebühren?

Teilnehmende/-r 2
Meine Eltern bezahlen mein Studium für mich. Ich habe zwar auch einen Nebenjob, aber ich verdiene nicht sehr viel. Meine Eltern denken auch, dass ein Studium wichtig ist. Deshalb bezahlen sie es.

Prüfer/-in 1
Danke schön.
Wir sind am Ende der Prüfung angekommen. Wir bedanken uns bei Ihnen und verabschieden uns hiermit. Auf Wiedersehen.

Prüfer/-in 2
Auf Wiedersehen.

Memo

Memo